¡Despertad Hijos!

Volumen 8

¡DESPERTAD, HIJOS!

Volumen 8

Diálogos con Sri Mata Amritanandamayi

Mata Amritanandamayi Center, San Ramon
California, Estados Unidos

¡Despertad Hijos! — Volumen 8
Adaptación de Swami Amritaswarupananda

Publicado por:
Mata Amritanandamayi Center
P.O. Box 613
San Ramon, CA 94583
Estados Unidos

———————— *Awaken Children 8 (Spanish)* ————————

Primera edición por MA Center: septiembre de 2016

En España: www.amma-spain.org

En la India:
    inform@amritapuri.org
    www.amritapuri.org

Este libro se ofrece humildemente a
los pies de loto de
Sri Mata Amritanandamayi
la inmanente luz que brilla
en el corazón de todos los seres.

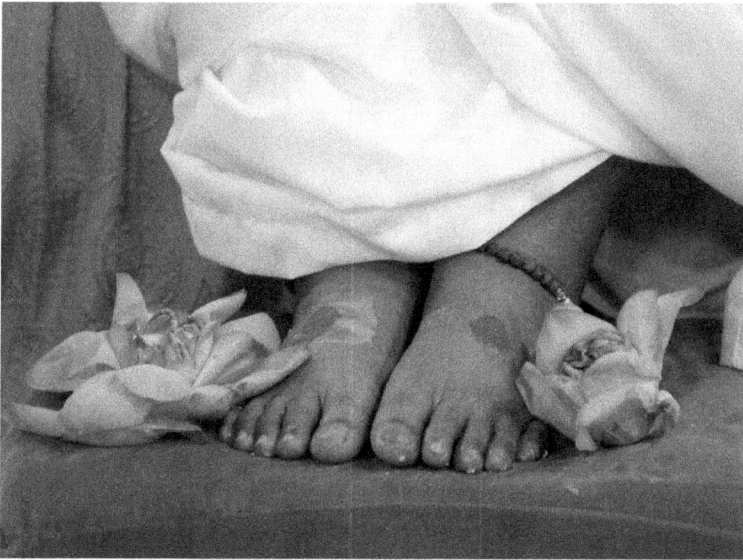

Me postro ante el Maestro Universal, quien es *Satchidananda*
(Ser Puro-Conocimiento-Bienaventuranza Absoluta), que está
más allá de todas las diferencias, que es eterno, totalmente pleno,
sin atributos, sin forma, y siempre centrado en el Ser supremo.

Cualquiera sea el mérito que uno adquiera, por medio de peregri-
najes y de bañarse en las aguas sagradas que alcanzan a los siete
mares, no puede ser igual ni siquiera a una milésima parte del
mérito que se obtiene bebiendo el agua con la cual fueron lavados
los pies del gurú.

Gurú Gita—Versículos 157, 87

Contenidos

Introducción

A través de este libro fluye la infinita sabiduría de la Madre. Cuando habla un maestro perfecto como lo es la Madre, es la Conciencia pura la que habla; es Krishna, Rama, Buda y Cristo quien habla; son todos los supremos maestros del pasado, del presente y del futuro los que hablan. Es la voz de Dios mismo. En realidad, las palabras de la Madre no son sólo palabras, pues ellas contienen una conciencia propia. La energía espiritual incondicional de la Madre puede experimentarse en cada palabra que Ella pronuncia, si uno lee con mente meditativa y contemplativa.

Al hablarnos a través de este libro, nuestra adorada Madre nos inspira y nos eleva, dándonos un sorbo de la Verdad, que eventualmente nos ayudará a fundirnos con el indescriptible océano de *sat-chit-ananda* (Ser-Conciencia-Bienaventuranza). Sobre todo, la presencia de esta gran Maestra, absolutamente encantadora y purificadora, es el más fértil de los suelos donde las flores de nuestros corazones pueden abrirse y florecer.

La Madre nunca habla acerca de Su grandeza. Pero este misterioso fenómeno que es la Madre es un poder irresistible. El amor divino y la compasión divina que la Madre difunde son inimitables. Ella irradia paz y gozo. Su existencia es perfecta y completa. Las palabras de la Madre son rayos luminosos de la Verdad que nos traen el mensaje inmortal de la Realidad Absoluta.

Podemos continuar estudiando cualquier cantidad de Escrituras, pero nada ocurrirá, ningún progreso espiritual se logrará, a menos que encontremos un maestro espiritual tal como la Madre. Si podemos simplemente estar en la presencia de la Madre, experimentaremos la divina fragancia de *sat-chit-ananda* fluyendo de Ella en una corriente sin fin; la presencia de Dios se hará tangible para nosotros, y sin que se nos enseñe, aprenderemos a ser nuestro verdadero Ser.

Swami Amritaswarupananda
M.A. Math, Amritapuri

La mayoría de los hechos narrados en este libro tuvieron lugar durante el año 1986, si bien algunos otros se desarrollaron en 1984 y 1985.

Capítulo 1

La Madre traviesa

La Madre se veía como una hermosa estatua azul oscuro. Ella estaba sentada en un estado profundamente absorto de *samadhi* enfrente del nuevo edificio del ashram que estaba en construcción. La Madre se encontraba rodeada de la mayoría de los residentes del ashram y una familia visitante quienes estaban todos mirándola intensamente. El sol brillaba resplandeciente y cálido; parecía estar mirando hacia abajo para tener un vislumbre de la Madre y acariciar Su cuerpo con sus hermosos rayos dorados. Mientras todos contemplaban el semblante encantador de la Madre, Ella abrió Sus ojos y les sonrió. Cuando la Madre sonríe, los corazones de todos se abren, y uno no puede evitar sonreír también. Su dulce sonrisa posee un efecto curativo maravilloso. Sin decir una palabra, la Madre puede expresar Su Divinidad a través de Su mirada, Su sonrisa, o Su toque. Estar sentado en Su presencia es como experimentar una comunión directa con la divinidad. Este lugar santo, Amritapuri, que está constantemente iluminado por la presencia de la Madre, donde uno puede experimentar una corriente sinfín de amor supremo y la profundidad del verdadero conocimiento, le recuerda a uno los *gurúkulas*[1] de los antiguos *rishis*.

La Madre empezó a jugar con una niña que apenas tendría dos años, y que pertenecía a la familia que estaba de visita. La criatura tenía un trozo de dulce en sus manos. La Madre estiró su palma derecha y le dijo: "Dale un poco a Amma." La niña

---

[1] Ermitas donde se solía enviar a los niños en la antigüedad para llevar a cabo doce años de estudio con un Maestro.

13

miró a la Madre durante un largo rato con ojos maravillados. De repente, dio la vuelta y corrió hacia sus padres con una risita. La Madre la siguió, la levantó y la llevó de regreso al lugar donde Ella había estado sentada. La niña permaneció tranquilamente sentada en el regazo de la Madre. Entonces la Madre abrió su boca y quiso que la criatura le diera de comer un poco del dulce. Esta vez, la niña sonrió bellamente a la Madre y llevó el dulce muy cerca de la boca de la Madre. La Madre estaba a punto de dar un mordisco cuando la pequeña de repente retiró el dulce, salió gateando del regazo de la Madre, y otra vez se alejó corriendo. Esta acción provocó la sonrisa de todos. La Madre parecía muy divertida por esto y comenzó a reír a carcajadas. Uno de los devotos comentó: "Ella es como usted, Amma." El devoto se refería a *Krishna Bhava*, cuando la Madre solía alimentar con *prasad* a los devotos en una actitud traviesa que traía a la memoria los juegos de la infancia de Krishna.

La Santa Madre no estaba dispuesta a ceder con tanta facilidad. Inflexiblemente siguió a la criatura, la tomó, y la trajo de regreso al mismo lugar. Parecía como si la Madre misma se hubiera convertido en una inocente niña. La pequeña, que nuevamente estaba sentada en el regazo de la Madre, también disfrutaba del juego. Otra vez la Madre abrió su boca deseando que la niña le diera de comer. Los padres la alentaban diciendo: "*¡Kunji* (pequeña), dale algo a la Madre! Tú amas tanto a la Madre, ¿no es cierto?"

Mirando el rostro hermoso de la Madre, la niña volvió a poner el dulce cerca de la boca de la Madre. Ella estaba a punto de retirar su mano y salir corriendo una vez más, pero en esta ocasión la Madre tomó su pequeña manito y dio un mordisquito al dulce. Esto fue demasiado para la niña. Comenzó a llorar, expresando su enojo y protesta arrojando el dulce sobre la falda de la Madre. Viendo el comportamiento inocente de la criatura, la Madre volvió a reír a carcajadas, seguida de mucha risa por parte de todos los presentes. Incluso los padres de la niña se unieron. Esto hizo que ella llorase aún más sonoramente. Siguió protestando con más fuerza arrojándose al suelo y rodando sobre él. La Madre la miró y dijo: "Ella siente que se han burlado de ella." Pero enseguida la Madre la levantó del piso y la consoló. Le pidió a *Bri*. Gayatri (Swamini Amritaprana) que le trajera otro dulce para ella. La niña estuvo feliz de recibir un nuevo dulce de la Madre, pero quiso el otro también. Ahora tenía dos dulces en sus manos. La niña dejó de llorar mientras se sentaba en el regazo de la Madre. Alguien comentó: "La niña no quiere desechar el primer dulce porque es el *prasad* de Amma." Cuando la atmósfera se calmó, la pequeña volvió a mirar el rostro de la Madre. De repente, llevó los dos trozos de dulce hasta la boca de la Madre y se los ofreció sinceramente. Mantuvo sus manitos en la misma posición hasta que la Madre abrió su boca y dio un pequeño mordisco a cada uno de los dulces. La niña quiso dar nuevamente dulce a la Madre, pero la Madre le dijo amorosamente: "¡No, no, querida hija! ¡Eso es para ti! Amma ya ha comido suficiente." La Madre abrazó y besó afectuosamente a la criatura, y sosteniéndola sobre su falda empezó a cantar *Chilanka Ketti*, como si estuviera entonando una canción de cuna....

Chilanka Ketti

Oh, Tú, de los ojos de loto
¡Ponte tus brazaletes en el tobillo y ven corriendo!
¡Ven bailando!
Mientras buscamos tus tiernos pies
Tu Nombre divino estamos cantando.

Oh, Hijo de Devaki
La propia Vida de Radha

Oh, Kesava, Hare, Madhava [2]
Oh, Destructor de Putana
Destructor de pecados
Niño de Gokula, ¡ven corriendo!
Oh, Pastorcito, ¡ven bailando!

Oh, Destructor de Kamsa
Que bailaste sobre la serpiente Kaliya
Oh, Kesava, Hare, Madhava
Cariñoso con aquellos
Que en ti toman refugio
Oh, Personificación de Om
Protector de los que están en peligro
¡Ven corriendo!
Oh, Melodía de Bienaventuranza
¡Ven bailando!

Oh, Protector de los Pandavas
Destructor de pecados
Oh, Kesava, Hare, Madhava
Protector de Arjuna
Destructor de la ignorancia
Oh, Kesava, Hare, Madhava
Oh, Néctar del Gita
¡Ven corriendo!
Oh, Bienaventuranza del corazón
¡Ven bailando!

La niña continuó sentada durante un rato sobre el regazo de la Madre, y luego la Madre le permitió ir con sus padres. La Madre se tendió sobre el piso reposando su cabeza sobre el regazo de Gayatri. Uno de los *brahmacharis* le hizo una pregunta a la Madre.

---

[2] Nombres de Krishna.

"Casi todos los niños lloran cuando nacen. Pero Amma, Usted sonreía cuando llegó a este mundo. ¿Cómo debemos entender este hecho?"

La Madre: "Un bebé recién nacido suele llorar porque, para el bebé, este mundo es un lugar extraño. Habiendo pasado nueve largos meses en el vientre de la madre, el niño se encuentra de repente en un nuevo mundo. Mientras está en el vientre, el bebé siente una gran incomodidad debido a la suciedad intestinal, al calor del aparato digestivo de la madre, y a los constantes movimientos de los procesos del cuerpo de la misma. El niño sufre de esta manera por nueve meses y nueve días en un doloroso aprisionamiento y sofocante incomodidad antes de salir al mundo. Y ahora, la criatura recién nacida siente otra vez incomodidad, producida por la presión atmosférica que no le es familiar y por un medio ambiente extraño. Para el bebé, éste es un mundo raro y desconocido. Por eso llora de pura desesperación.

"Pero Amma no tenía sentimientos de extrañeza cuando llegó a este mundo. Todo era tan completamente familiar para Ella; y cuando uno conoce todo acerca del mundo, sólo se puede sonreír. Cuando se percibe el universo entero como un juego de la conciencia, ¿qué más se puede hacer que sonreír? Cuando se tiene el poder, y los ojos penetrantes, con los cuales se puede ver la Realidad existente más allá de todas las apariencias, sólo es posible sonreír. Entonces se percibe únicamente lo inmutable dentro del exterior siempre cambiante. No se ve la cáscara externa de la semilla — se ve todo el árbol potencial dentro de la semilla. En breve, se percibe la Realidad, la verdadera naturaleza de todas las cosas. Una vez que se puede ver la Verdad, nada es desconocido o extraño; uno está familiarizado con todo el universo, y uno sonríe, no ocasionalmente, sino continuamente. La vida se convierte en una gran sonrisa. Constantemente se sonríe a todas las cosas — no sólo durante los momentos felices, sino también durante los momentos infelices. Se sonríe incluso ante la muerte. Esto es espiritualidad. La espiritualidad es una genuina y amplia sonrisa ante todas las situaciones de la vida.

"¿Cuándo se sienten tristes y desesperadas las personas? Cuando se encuentran en situaciones extrañas, y no saben qué hacer o dónde ir, cuando se sienten desamparadas y sin nadie a quien recurrir, y ante el fracaso, la pérdida, la enfermedad, y la muerte. En tales ocasiones, se ven llevados a un estado extraño y de impotencia. La desesperación los supera y lloran porque no saben nada; no conocen ningún método que les permita superar sus situaciones.

"Pero en lo que se refiere a un alma perfecta, él conoce el misterio secreto de la vida. Él sabe que todo lo que sucede a su alrededor es tan sólo un juego de la conciencia. Sus ojos pueden penetrar los tres períodos del tiempo y percibir la Realidad. Él conoce la Verdad de la cual el mundo ha surgido. Él conoce la verdadera existencia, el Fundamento del mundo; él sabe hacia dónde se está moviendo todo y dónde finalmente se fundirá. Este conocimiento le permite sonreír de todo corazón ante todo. El Alma perfecta puede sonreírle a todo debido a su omnisciencia.

Ojos sonrientes

"Cuando lo sepáis todo; cuando vuestros ojos puedan mirar más allá del pasado, el presente y el futuro, entonces vuestros ojos también sonreirán, y no sólo vuestros labios. Mirad la imagen de Kali bailando sobre el pecho de Shiva. Aun cuando Ella parece feroz, hay una sonrisa en sus ojos. Esa sonrisa es la sonrisa de la omnisciencia. Krishna tenía ojos sonrientes. Todos los grandes maestros tienen ojos que sonríen de una manera única. Cuando vuestros ojos posean el poder de penetrar más allá del aspecto superficial de la existencia, entonces irradiaréis alegría. Vosotros veis la verdad — aquella que se encuentra internamente — y por ello sonreís. La apariencia externa es una mentira. Pero ahora esa falsa superficie ya no puede engañaros más, porque vosotros habéis aprendido el arte de penetrar y ver a través de todo. Vuestra mera mirada desenmascara al ladrón y al mentiroso. Entonces la falsa superficie desaparece, y la Verdad sale a la luz. El significado de la sonrisa es: 'Yo conozco la Verdad.' Es un signo de perfecta omnisciencia."

Al final de la conversación la Madre de repente rodó al suelo desnudo. Los residentes que estaban sentados allí estaban familiarizados con los estados de ánimo extraños de la Madre y rápidamente se hicieron a un lado para darle espacio. Ellos sabían que durante tales ocasiones, la Madre no quería que nadie La tocara y que prefería tenderse sobre el suelo mismo. La Madre yacía con sus ojos enfocados hacia el cielo. Levantó su mano derecha y la sostuvo en un *mudra* sagrado, al tiempo que repetidamente emitía sonidos extraños como si estuviera conversando con alguien en un idioma desconocido. La Madre se encontraba ahora absolutamente quieta. Después de transcurrir unos minutos cerró sus ojos y su rostro se iluminó con una maravillosa sonrisa, la que hizo que su semblante resplandeciera con un brillo extraordinario. La Madre permaneció en esta posición durante aproximadamente diez minutos. Entonces pronunció su *mantra* usual, "Shiva, Shiva." Se levantó y caminó hacia el viejo templo. Habiendo entrado al templo cerró las puertas detrás de Ella y se quedó allí por media hora.

Un pellizco y una caricia

La descripción que la Madre acababa de dar acerca de Sí misma y de su omnisciencia nos brinda un vislumbre de la tremenda conciencia que Ella tenía de su naturaleza divina incluso al nacer.

19

Oír esta gran verdad de sus propios labios es una experiencia emocionante.

La afirmación de la Madre sobre el hecho de que un *Mahatma* es capaz de penetrar los tres períodos del tiempo, nos recuerda un incidente ocurrido a un devoto que llegó para ver a la Madre por primera vez. El hombre, quien vivía en Bangalore, había venido para conocer a la Madre junto con su esposa. La larga fila de devotos se movía lentamente hacia la Madre, que, como de costumbre, recibía a sus hijos uno por uno. Cuando le llegó su turno, la Madre le dio un fuerte pellizco sin decir palabra. Él se enojó mucho por esto, hasta el punto de estar hirviendo de furia. Había una razón para su ira. Cuando era pequeño, él tenía una gran aversión a ser pellizcado, y protestaba vehementemente cada vez que era pellizcado por sus padres o maestros. Incluso peleaba con sus maestros, quienes a veces lo pellizcaban como un castigo menor por no estudiar sus lecciones. Él solía decirles: "Podéis golpearme con un palo si queréis, o mandarme fuera del aula, ¡pero nunca me pellizquéis!" Así que en este día, cuando se acercó a la Madre y Ella lo pellizcó, su enojo fue extremo. Pero antes que tuviera oportunidad de protestar, la Madre atrajo su cabeza hacia su regazo; y mientras él permanecía allí sobre su falda, la Madre acarició su cabello y lo peinó suavemente con sus dedos. Esta experiencia lo conmovió tan profundamente que toda su ira se desvaneció, y lloró lágrimas de beatitud. Había también una razón específica para este sentimiento. Él tenía el hábito de pedir a veces a niños pequeños que le acariciasen el cabello exactamente del modo que la Madre lo estaba haciendo ahora con sus dedos. Le gustaba tanto esto que cuando se encontraba tendido en la cama, solía pedirle a los niños que le peinaran suavemente el pelo con los dedos, para que así durmiera bien. Dado que él sabía que esto le gustaba a él más que ninguna otra cosa, no le llevó mucho tiempo darse cuenta que la Madre era omnisciente. Cuando la

Madre primero lo pellizcó, y luego, un momento después, peinó su cabello con sus dedos, él tuvo la repentina revelación que: "Aquí hay alguien que sabe todo sobre mí, mis agrados y desagrados, y para quien mi vida es un libro abierto." Esta experiencia era todo lo que se requería para que él entregara todo a sus pies.

El devoto dijo: "Cuando la Madre levantó mi cabeza de su regazo, yo miré su rostro totalmente maravillado. Ella me sonreía, y dijo: 'Que te pellizquen es lo que más odias, y que te acaricien el pelo es lo que más te complace, ¿no es verdad?' El pellizco y las caricias por el cabello de esa manera, me hicieron sentir intensamente que la Madre me estaba diciendo: 'Hijo, Amma sabe todo acerca de ti.' Quedé mudo y perplejo. De allí en adelante nunca dudé de la omnisciencia de la Madre."

Capítulo 2

Relaciones humanas

Hoy, antes de los *bhajans* de la tarde, la Madre bajó y se sentó en el lado Oeste del templo. Pronto se encontraba rodeada por los residentes y unos pocos devotos miembros de familia. Uno de éstos, un gerente de banco, le hizo a la Madre una pregunta acerca de las relaciones humanas.

La Madre: "Una verdadera relación puede desarrollarse únicamente si existe un entendimiento apropiado entre el esposo y la esposa, entre amigos, o entre quienes fueran que estuviesen involucrados en una relación de cualquier clase. Hay diferentes etapas en la vida. El matrimonio es una de esas etapas, y es una de las más importantes. Pues una persona que vive en el mundo (por ejemplo, un miembro de familia), para poder tener una vida plena y productiva, debe atravesar la etapa del matrimonio con tanto amor, tanta intimidad, tanto compromiso y tanta consideración como sea posible. La vida marital, si se vive con el amor y la comprensión debidos, ayuda a despertar lo femenino que hay dentro del hombre, y lo masculino dentro de la mujer. Este equilibrio puede ayudar eventualmente a ambos a que alcancen la meta final de libertad eterna.

"Si la pareja da los pasos necesarios, haciendo el esfuerzo para entender y respetar sus mutuos sentimientos, ambos podrán vivir plenamente sus vidas. Ellos deberían estar dispuestos a perdonar y a olvidar las faltas y debilidades del otro. La vida de matrimonio puede ser un fértil terreno de aprendizaje que enseñe a la pareja a desarrollar cualidades tales como la paciencia y la humildad.

"En la sociedad de la India esto es más fácil, ya que las mujeres indias tienden a ser de naturaleza más complaciente y menos agresivas. El ego de un hombre es mantenido a raya por la humildad y la paciencia de una mujer. Aunque la sociedad moderna está cambiando a un ritmo rápido, la cultura básica de la sociedad de la India sigue siendo la misma. Pero si ha de haber un equilibrio apropiado y un sentido de armonía en la vida matrimonial, los hombres deberían tratar de no ser agresivos, arrogantes, o presuntuosos enfrente de las mujeres, y no deberían tratar de dominarlas. En la India los hombres a menudo piensan que tienen el derecho de controlar a las mujeres, y que una mujer jamás debe estar por delante del hombre bajo ninguna circunstancia. Ésta es claramente una actitud equivocada, que se debe a la falta de correcto entendimiento de la cultura que fue fundada por los sabios y los profetas de la antigüedad.

Maternidad el maravilloso regalo de Dios a las mujeres

"Una mujer debería ser respetada, y a sus sentimientos se les tendría que prestar debida atención. Se deberían reconocer sus cualidades maternales, y se le tendría que dar en la sociedad, junto a los hombres, una bien merecida posición más elevada. Al mismo tiempo, ella debería saber que el mayor regalo que Dios le ha concedido es el don de la maternidad, el derecho a dar a luz y a criar un hijo con el interés, el afecto, y el amor apropiados. Es un don único, y es exclusivo de ella. Dar nacimiento a las personas de más grandeza nacidas en esta tierra, las encarnaciones divinas, los grandes líderes, los filósofos, los científicos — traer al mundo a todas las eminentes almas y a toda la humanidad — ésta es una de las mayores bendiciones. ¿Por qué ha dado Dios este maravilloso regalo a las mujeres? Porque sólo ellas tienen la capacidad de expresar esas cualidades como el amor, la compasión, la consideración, la paciencia, en toda su plenitud y belleza. Cada mujer debería saber esto e intentar comprender la magnitud de esta bendición. Pero parecería que las mujeres se están olvidando lentamente de esta verdad; y si ellas ignoran esta cualidad fundamental e indispensable que hay dentro de ellas mismas, nuestra sociedad quedará cabeza abajo. Por ello, es de vital importancia que las mujeres reconozcan estas cualidades en su propio interior.

"Es sobretodo en la sociedad occidental donde las mujeres están olvidando sus cualidades femeninas. En nombre de la igualdad, muchas mujeres se están volviendo indiferentes a esta tan preciosa bendición que les ha sido dada. En Occidente, a diferencia de la sociedad de la India, las mujeres son más agresivas y menos complacientes. Al tratar de alcanzar a los hombres en todas las áreas de la vida, las mujeres occidentales no se dan cuenta que están sacrificando una parte esencial de su naturaleza. El resultado de esto es un caos y una confusión total, tanto en la vida externa como en la interna. Amma no está diciendo que una mujer no debería hacer las mismas cosas que hacen los hombres — ella puede y debería, y las mujeres poseen un inmenso poder interior — pero nunca debe hacerse al precio de sacrificar su ser esencial. Ir en contra de la Naturaleza es destructivo; es tan peligroso para la persona en cuestión como lo es para toda la sociedad.

"En Occidente, tanto los hombres como las mujeres tienen la tendencia a ser agresivos. La agresión, sin embargo, es energía negativa. A veces puede ser necesaria en la vida, pero no en las relaciones, no en la vida matrimonial. Cuando dos polos son negativos, sólo se produce energía negativa, resultando en completa inarmonía y ruptura.

"En la sociedad occidental, tanto el esposo como la esposa tratan de controlar uno al otro; ellos creen que es su derecho hacerlo. En los choques y las luchas constantes que así se producen, el amor y la belleza de la relación se destruyen.

"El amor no es agresivo, y tampoco lo es la vida. El amor y la vida no pueden ser forzados. Vida es amor. Sin el sentimiento de amor, a través del cual tenemos la experiencia de la vida verdadera, nuestra existencia se torna árida y vacía, como la de un robot. La vida y el amor son interdependientes—si no hay amor, se está ignorando la vida misma."

Vida conyugal

Pregunta: "Amma, ¿por qué no hay amor real en la vida conyugal? ¿Qué causa el conflicto y la fricción?"

La Madre: "Hay una seria falta de comprensión entre el marido y la mujer. En la mayoría de los casos, los miembros de la pareja ni siquiera intentan entenderse entre sí. Para que se produzca el desarrollo de una verdadera relación, es esencial que exista un entendimiento básico de la naturaleza humana, de la naturaleza de los hombres y de las mujeres. Un hombre debería saber cómo es realmente una mujer, y viceversa. Pero, en cambio, ellos viven en dos mundos aislados sin ninguna conexión entre ellos. Son como dos islas separadas sin nada que las una, ni siquiera un servicio de transbordador.

"Los hombres están mayormente centrados en el intelecto, mientras que las mujeres se inclinan a ser más emocionales. Ellos moran en distintos centros, a lo largo de líneas paralelas. No tiene lugar ningún verdadero encuentro entre ellos. ¿Cómo, entonces, puede existir algún amor entre los dos? Si uno dice sí, el otro indudablemente dirá no. Nunca se oye la armoniosa combinación de sí y sí o de no y no al unísono. Ambos deberían comprender y aceptar sus naturalezas diferentes, y cada uno, tanto el esposo como la esposa, deberían hacer un esfuerzo consciente para llegar a los sentimientos del otro, al corazón, y entonces tratar de solucionar sus problemas con esa comprensión como cimiento. No deben tratar de controlarse uno al otro. No deben decirse uno al otro: 'Yo digo que sí, y por lo tanto tú también deberías decir que sí.' "Debería abandonarse cualquier actitud semejante, porque sólo conducirá a la ira e incluso al odio. El amor en una relación así será muy superficial. Si el abismo entre estos dos centros, el intelecto y las emociones (la mente), puede unirse con un puente, surgirá la dulce melodía del amor de lo más profundo del interior de ambos. Este factor unificante es la espiritualidad. Si miramos a nuestros antepasados, veremos que sus matrimonios generalmente tenían más amor que los de nuestros días. Había mucho más amor y armonía en sus vidas, porque ellos poseían un mejor entendimiento de los principios espirituales y sus implicaciones en la vida cotidiana.

"Amma ha oído la siguiente historia. Una mujer casada decidió que quería una mascota. Pero su marido se oponía. Un día cuando él estaba ausente, ella fue a una tienda de mascotas y compró un mono. De más está decir que su esposo se enojó cuando regresó a la casa y encontró allí al mono. Él le preguntó: '¿Qué va a comer la criatura?'

'Qué otra cosa que la misma comida que nosotros comemos,' respondió ella.

'¿Y dónde va a dormir?'

'Pues en la misma cama en la que dormimos nosotros,' respondió.

'Pero, ¡¡no te preocupa el olor!?'

'¡No! No te aflijas, ¡si yo pude soportarlo durante veinte años, estoy segura que este pobre animal puede soportarlo también!'"

Todos rieron a carcajadas cuando la Madre terminó el cuento. La Madre continuó: "Es muy raro encontrar una relación verdaderamente amorosa. El amor entre una pareja de casados es usualmente superficial. Si uno de ellos dice 'sí,' el otro se encargará de decir 'no.' Hijos, aprended a respetaros mutuamente los sentimientos. Aprended a escucharos los problemas con amor e interés. Cuando escucháis a vuestra pareja, él o ella debería poder sentir que vosotros estáis genuinamente interesados y que sinceramente os gustaría ayudar. Vuestra pareja debería sentir vuestro cariño e interés, vuestro respeto y vuestra admiración. Se necesita una franca aceptación del otro, y no debería haber reservas. Aun así, algunos conflictos están destinados a presentarse; pueden también surgir malas interpretaciones y desacuerdos; pero después, uno debería ser capaz de decir: 'Lo siento, por favor perdóname. No fue mi intención.' O podéis decir: 'Yo te amo y me intereso profundamente por ti — nunca pienses lo contrario. Lo lamento, no debí haber dicho lo que dije; en mi enojo perdí la calma y mi poder de discernimiento.' Palabras sedantes así ayudarán a sanar los sentimientos heridos; también contribuirán a profundizar el sentimiento de amor entre vosotros, incluso después de una gran pelea."

La Madre se detuvo y dijo: *"Balumon* (Balu, hijo mío), canta una canción." Se le pidió a *Br.* Srikumar que trajera el armonio. Empezaron a cantar *Mauna Ghanamrita.* La Madre apoyó su cabeza sobre el hombro de *Bri.* Gayatri y escuchó el *bhajan* con sus ojos entrecerrados. La gloriosa y radiante sonrisa en el rostro de la Madre mostraba claramente que Ella estaba en un estado de absorción.

Mauna Ghanamrita

En la morada de impenetrable Silencio
De eterna paz y belleza
Donde la mente de Gautama Buda
Se disolvió,
En la refulgencia que destruye todos los lazos,
En la costa de bienaventuranza
Que se encuentra más allá del alcance del pensamiento...

En el conocimiento que concede eterna
Armonía,
La morada sin fin ni principio,
La bienaventuranza que se conoce sólo cuando
Los movimientos de la mente se apaciguan,
En la sede del poder,
La región de conciencia perfecta...

En la meta que otorga el dulce estado
De eterna no-dualidad
Descrito como 'Tú eres Eso,'
Ése es el lugar que anhelo alcanzar;
Pero sólo puedo hacerlo
Por medio de Tu Gracia.

Después que el canto finalizó, la Madre continuaba reclinada sobre el hombro de Gayatri. Cuando eventualmente se movió y se incorporó, uno de los devotos le dijo: "Amma, Usted estaba hablando de las relaciones humanas."

La Madre entonces prosiguió.

Reconoced y admirad entre vosotros las buenas cualidades de cada uno

"Hijos míos, como el común de los seres humanos, todos tienen tanto buenas como malas cualidades. Tratad siempre de reconocer y admirar entre vosotros las buenas cualidades de cada uno. Siempre que estéis hablando con otros acerca de vuestra pareja, tratad de hacer resaltar sus buenas cualidades; nunca mencionéis las debilidades enfrente de los demás. Cualesquiera sean vuestras debilidades, éstas deberían mantenerse como un secreto entre vosotros dos. Deberíais solucionar vuestros problemas juntos con una actitud positiva, sin irritaros o heriros uno al otro con acusaciones. En primer lugar, deberíamos hacernos conscientes de nuestras propias debilidades, porque ésta es la mejor manera de eliminarlas. Nunca utilicéis las faltas del otro como un arma en su contra. Cuando señaléis una debilidad, hacedlo amorosamente y con toda intención de erradicarla de vuestras vidas de un modo positivo. Estas debilidades son bloqueos que os impiden expresaros plenamente. Ved estos obstáculos como obstrucciones y aprended a quitarlos del medio.

"Recientemente, un devoto, que es administrador de un hospital que trabaja en Bombay, estaba hablando sobre un problema que tenían en el hospital, relacionado a la limpieza. La mayoría de la gente en el Norte tiene el hábito de masticar *betel*, una mezcla de hojas de betel y otros ingredientes. La práctica es masticar el betel y luego, sin pensarlo dos veces, escupir la sustancia roja brillante sin importar dónde se encuentran parados. Los cuatro rincones de los ascensores del hospital estaban salpicados por todos lados con los escupitajos color carmesí de los visitantes. La administración del hospital tuvo una reunión, en la cual trataron de hallar alguna solución a este problema. Finalmente, decidieron instalar espejos en todas las paredes de los ascensores. Tan pronto como se tomó esta medida, la gente dejó de escupir en los ascensores. ¿Qué les hizo dejar de hacerlo? Indudablemente que fue la vista de sus propias imágenes mientras escupían, reflejadas en los espejos. Una vez que vieron lo feo que quedaba, no pudieron persuadirse de volver a hacerlo, y así dejaron de escupir.

"Del mismo modo, tratad de mirar vuestras propias faltas y automáticamente las erradicaréis. Viendo vuestras propias debilidades y malos hábitos os tornáis conscientes de cuán feos ellos son. Vuestras debilidades yacen ocultas en la oscuridad, pero tan pronto como las miráis salen a la luz.

"Nuestros grandes antepasados nos han dado maravillosos ejemplos acerca de cómo reconocer y respetar a los demás por sus buenas cualidades.

"Uno de los *Ramayanas* describe un bello incidente en el que el Señor Rama dio un inolvidable ejemplo de humildad, reconociendo el gran sacrificio de Urmila, la casta esposa de Lakshmana. Cuando Lakshmana, el hermano de Rama, lo siguió al bosque durante el período del exilio de Rama, Urmila se vio forzada a pasar catorce años en Ayodhya, experimentando el terrible dolor de separación de su esposo, a quien ella adoraba. Rama había llevado a su sagrada consorte, Sita, con Él. Pero Lakshmana tuvo que dejar a su esposa en Ayodhya. Urmila vivió una vida de gran abnegación, pasando sus días y noches constantemente pensando en su esposo. Un día, cuando Rama finalmente regresó a Ayodhya, se lo vio caminando hacia la habitación privada de Urmila. Por curiosidad, Lakshmana lo siguió y secretamente observó lo que el Señor hacía. Lakshmana fue testigo de algo que literalmente lo hizo romper en llanto. Urmila yacía tendida sobre su cama, durmiendo profundamente. El Señor juntó las palmas de sus manos en un gesto de reverencia y caminó tres veces alrededor de la cama, tras lo cual se postró en el piso frente a los pies de Urmila, tal como la gente hace en los templos.

"Más tarde, cuando Lakshmana pidió a Rama que le explicara el significado de este acto, el Señor respondió: 'Urmila es digna de respeto y apreciación en la mayor de las medidas. El gran sacrificio que ha hecho merece nuestra admiración. Yo simplemente quería darle este reconocimiento, pero sin que ella supiera, porque si hubiera estado despierta, no me hubiese dejado hacerlo. Por eso fui allí cuando ella dormía.'

"Ejemplos así, mostrados por los *mahatmas*, deben recordarse y ser seguidos. Ello traerá armonía, amor y paz, tanto a nuestras vidas externas como internas. También quitará cualquier nota discordante que pueda existir en una relación y en la vida matrimonial. Los hombres nunca deben ser arrogantes o vacilantes para reconocer las buenas cualidades de una mujer. Su actitud es muy equivocada sin duda, si ellos piensan: 'Después de todo, ella es sólo una mujer.'

"Mirad cuán sin sentido son las relaciones modernas. Es muy raro que haya algún verdadero amor entre los miembros de una pareja. Hay demasiado miedo, sospecha, y se juzga demasiado, para que sea posible una relación amorosa. Debido a la falta de amor y al correcto entendimiento, las relaciones se han tornado muy superficiales.

"Amma oyó recientemente una divertida historia, la que ahora viene a su memoria. Dos jóvenes se encuentran en la calle. Uno de ellos le dice al otro: '¡Afortunado de ti! Te has ganado una novia bonita. Dime, ¿qué piensa ella de ti?'

'Ella piensa que yo tengo una gran personalidad, que soy un cantante dotado y un talentoso pintor,' le respondió.

'¿Y qué hay de ti? ¿Qué te atrae de ella?'

'Que ella piensa que yo tengo gran personalidad, que soy un cantante dotado y un pintor talentoso.'"

Cuando las risas se silenciaron, la Madre pidió una canción. Uno de los devotos miembros de familia cantó la canción *Amritamoyi Anandamayi*...

Amritamayi Anandamayi

Oh, Diosa de Néctar
Diosa de Bienaventuranza Inmortal
Oh, Madre Amritanandamayi
Oh, Diosa de Néctar
Diosa de Bienaventuranza Inmortal...

Oh, Madre
Al mirar a tus hijos lloras
Tu corazón se derrite de inquietud

Oh, Madre compasiva
Amorosamente acaricias a tus hijos
Y les das de beber
La leche de la ternura.

Oh, Madre, igual que una esmeralda
¡Ven y mora en mi corazón!
Tus pies de loto son el único refugio
De este pobre devoto.

Tú brillas desde dentro
Como el ojo interno del ojo exterior;
Tú eres la Madre de Kanna
Tú eres la Madre de todo el Universo
La Diosa del Universo.

El signo de una verdadera relación

Después de la canción, la Madre continuó iluminando a sus hijos sobre el mismo tema.

Pregunta: "¿Cuáles son los signos de una verdadera relación?"

La Madre: "Cuando dos personas se identifican una con la otra, es el signo de una verdadera relación. La intensidad del amor depende de la cantidad de identificación que existe entre la gente. Supónte que alguien te preguntara: '¿Cuál de tus amigos es el que más amas, a, b o c?' Quizás tendrías que pensar un poco sobre ello, o quizás no tendrías que pensar para nada; espontáneamente dirías: 'El que más me gusta es a. Él es mi mejor amigo.' ¿Qué significa cuando tú dices que el que más te gusta es a? Significa que estás más identificado con a que con b o con c, ¿no es cierto? Una verdadera relación, o el verdadero amor, está basado en la cantidad de identificación que uno tiene con alguien. Sin embargo, no es algo que pueda medirse, porque es un sentimiento profundo, algo que ocurre dentro. Al intensificarse la identificación, ese sentimiento de unidad se manifiesta externamente también. Tu corazón desborda de amor y se expresa a través de tus palabras y acciones. En su punto máximo, incluso vuestros cuerpos se asemejarán. Esto rara vez sucede en las relaciones mundanas. En una relación espiritual, sin embargo, ocurre de una manera clara y profunda. Le sucede, por ejemplo, a un discípulo que se ha entregado completamente a su maestro espiritual, y cuyo corazón está lleno de amor y devoción por su maestro.

"Esto es exactamente lo que les pasaba a las *gopis* de Vrindavan. Pensando constantemente en Sri Krishna, las *gopis* se volvieron como Él. En una etapa las *gopis* solían decirse una a la otra: 'Amiga, mírame. Yo soy Krishna. Camino como Él, ¿no es verdad? ¿No puedes ver la flauta divina en mis manos y la pluma de pavo real en mi corona?'

"Amma conoce un matrimonio que ha desarrollado este sentimiento de identificación del uno con el otro. Parecen mellizos — aun sus voces y movimientos son similares. Amma los conoce desde hace mucho. Ellos forman una pareja ideal; el amor mutuo, el respeto, la comprensión, la paciencia, y el perdón que se tienen son extraordinarios. Así que puede suceder incluso en una relación mundana, aun en la vida matrimonial, a condición de que se tenga la actitud correcta.

"En un amor tan profundo, incluso vuestros patrones de pensamiento serán los mismos. Por ejemplo, puede que un marido piense en algo sin decir una palabra sobre ello. Y no obstante, de algún modo su esposa lo sabe. Él piensa en algo y su esposa dice la misma cosa, o él desea hacer algo y su esposa de repente expresa el mismo deseo. Es domingo. Él está sentado en su habitación de trabajo tratando de completar una tarea que es urgente. Ocurre que se siente muy cansado, pero no puede irse a dormir una siesta porque tiene que terminar sin falta el trabajo y dejarlo en el escritorio de su jefe al día siguiente. Mientras se esfuerza para mantener sus ojos abiertos, piensa para sí: 'Necesito una taza de café fuerte.' Pero no quiere ir a pedirle a su mujer que lo haga porque sabe que ella está ocupada preparando el almuerzo del domingo. No es su hábito tomar café a esa hora del día; y sin embargo, para su sorpresa, un momento más tarde su esposa entra a la habitación y le alcanza una taza de café. Él pregunta: '¿Cómo sabías que yo necesitaba una taza de café?' Ella sonríe y responde: 'Simplemente sentí que te gustaría una taza, eso es todo.' Esta clase de cosas ocurren durante ciertos momentos en una relación, y pueden desarrollarse, a condición de que los miembros de la pareja tengan entre sí los sentimientos y el entendimiento correctos. Entonces crecerán y eventualmente se manifestarán a través de todos sus pensamientos y acciones.

"Si esto puede pasar en una relación normal, la identificación y el sentimiento de unidad que acontece en la relación *gurú-sishya* es incomparablemente mayor.

"Gayatri tuvo una experiencia que vale la pena mencionar. Una vez, Amma estaba trabajando afuera con los residentes del ashram. Cuando Amma regresó a su habitación más tarde, sus manos estaban sucias. Amma quería lavarse las manos, de manera que le pidió a Gayatri que le trajera un poco de agua y jabón. Pero en lugar de traerle a Amma el agua y el jabón, Gayatri empezó a lavarse sus propias manos bajo la canilla del baño. Lakshmi la vio parada en el baño lavando sus propias manos mientras Amma esperaba el jabón y el agua. Lakshmi tuvo que recordarle que Amma la estaba esperando para lavarse las suyas. Cuando Gayatri oyó las palabras de Lakshmi, volvió a sus sentidos.

Comprendiendo que estaba lavando sus manos en lugar de las de Amma, ella exclamó: '¡Oh Dios mío, yo creía que estaba lavando las manos de la Madre!' Quedó perpleja y miró a Amma con una expresión de culpa. Pero Amma entendía lo que había ocurrido. Esto le sucedió a Gayatri en un momento en particular cuando ella pudo olvidarse de sí misma. Pero la capacidad de experimentar esa unidad, esa identificación total, está siempre dentro nuestro.

"Una verdadera relación es posible sólo cuando uno puede deshacerse de todas las ideas preconcebidas y de todos los prejuicios, y cuando uno deja de estar poseído por el pasado. Tu mente es el pasado. Deja de aferrarte al pasado y serás libre y tendrás paz. Aferrarse al pasado es como vivir en la oscuridad. Todos queremos estar en la luz. Entonces podrás ver claramente todo lo que está sucediendo dentro de ti. Con una visión así de clara se hace posible formar una verdadera relación."

Mientras la Madre hablaba, el sol descendía lentamente sobre el horizonte occidental para su usual zambullida en el profundo océano azul. Así como el sol trabaja incansablemente y desinteresadamente para mantener la vida sobre la tierra, la Madre, el Sol Espiritual, está constantemente trabajando duro para inspirar a sus hijos a través de sus profundas palabras, su divina presencia, su compasivo abrazo, y sus elevadores *bhajans*. Ella conmueve el corazón de todos expresando su incomparable amor y compasión con todo su ser, ayudando a todos a abrirse plenamente, y a que ellos, a su vez, esparzan belleza y fragancia hermosas y divinas por todos lados.

Cuando la Madre hubo terminado de hablar, se levantó de su asiento y se paró con los brazos estirados hacia el cielo. Ella gritó: *"¡Shivane!"* Durante algún tiempo permaneció de pie en esa posición con sus ojos cerrados, y entonces caminó hasta el templo. Era hora de los *bhajans*. La Madre iba a llevar a sus hijos sobre las alas de su canción extática y melodiosa. Gozosamente la Madre empezó a cantar.

Anjana Sridhara

Oh, Sridhara,
Hermoso del color del colirio
Yo te saludo juntando mis palmas.
¡Victoria a Krishna,
Salutaciones a Él!

Oh, Krishna,
Que has nacido en la tierra
Como un Niño divino,
Protégeme .

Oh, querido Krishna,
Por favor destruye la pena de mi corazón.
Oh, Pastorcillo,
Krishna de los ojos de loto,
¡Ven y brilla en mi corazón!

¡Oh, Krishna!
Estoy colmado del deseo
De ver la belleza
De tu querida y auspiciosa forma.

Oh, Pastorcillo,
¡Por favor ven corriendo
Y juega con tu flauta!

Capítulo 3

El secreto de la belleza de un niño

Debido a que el nuevo templo estaba siendo construido, todas las instalaciones del ashram se veían algo sucias y desordenadas. La Madre, sin embargo, insistía en que todos los ladrillos, la arena, y otros materiales de construcción se guardaran y se mantuvieran de una forma organizada. Cada vez que Ella bajaba de su habitación, la Madre misma tomaba la iniciativa y comenzaba a limpiar el terreno. En lo que a la Madre se refería, ningún trabajo era demasiado bajo para Ella. Aquí se la podía ver cargando ladrillos y arena sobre su cabeza. Un momento después, la Madre podía tomar una pala y empezar a llenar las canastas con arena. Esta mañana, cuando la Madre bajó, pidió a los residentes que trajeran canastas y herramientas, y Ella comenzó a limpiar los terrenos. A los pocos minutos, todos los habitantes del ashram estaban de pie listos para trabajar. Mientras la Madre trabajaba junto con los residentes, Ella cantó la canción:

Entu Chevo Yedu Chevo

¡Ay, ay, ay! ¿Qué voy a hacer?
No encuentro al Hijo de Nanda
Por ninguna parte.

¿Se levantó Él temprano esta mañana
Y se fue al bosque para pastar las vacas?
¿O tal vez — ¡Oh, Dios mío! — se rompió
Las piernas peleando con los otros niños?

O quizás, ha estado corriendo
De aquí para allá
Y se cayó en una zanja...

Todos respondieron y cantaron el coro de la canción. La Madre estaba dando un ejemplo perfecto al realizar el trabajo como una forma de adoración. La tarea continuó por más de una hora. Dado que la presencia de la Madre añade belleza y encanto a cualquier situación, ahora había una atmósfera de gran gozo entre los participantes. Cuando la limpieza hubo terminado, la Madre se sentó, rodeada por los residentes del ashram y los devotos miembro de familia. . Mientras todos se relajaban, uno de los residentes hizo una pregunta. "Los maestros espirituales por todo el mundo utilizan al niño como un ejemplo del estado final de perfección. ¿Qué tiene de especial un niño en conexión con la espiritualidad?"

La Madre: "Mira un niño. El niño no está interesado en absoluto acerca del pasado o del futuro. Cualquier cosa que un niño hace, lo hace con total participación. El niño está plenamente presente en todo lo que hace, él no puede hacer nada en forma parcial. Los niños viven en el presente; ésta es la razón por la que la gente se siente tan atraída hacia ellos. A ti no te puede realmente disgustar un niño, porque la fealdad del ego no está presente en el niño.

"Un niño puede atraer la atención de cualquiera; incluso la persona más fría tendrá algún sentimiento para con un niño, a menos que la persona sea un monstruo demoníaco. Esta atracción se debe a la inocencia del niño. Cuando tú estés libre del dominio del ego, tú mismo te volverás tan inocente y tan travieso como un niño.

"La mayoría de los seres humanos viven con un pie plantado en el pasado muerto, y el otro en el futuro, el cual no es real. El futuro es un sueño irreal que aún tiene que suceder. Tú no puedes estar seguro que en realidad ocurrirá en tu caso. El futuro es incierto; puede suceder como puede no suceder, y no obstante, los seres humanos más inteligentes constantemente se preocupan y sueñan acerca del futuro, o dan vueltas y vueltas en sus mentes y lloran recordando los fósiles muertos del pasado. Tanto el pasado como el futuro deben desaparecer. Sólo entonces podrás vivir en este momento; pues, es en este momento que tú experimentas la realidad. Sólo este momento es real. El pasado y el futuro son irreales.

"Así como un niño vive plenamente en el presente, cuando tú ames, deja que todo tu ser esté presente en ese amor, sin reservas ni divisiones. No hagas nada en forma parcial, hazlo con plenitud al permanecer en el momento presente. No te dejes seducir por el pasado y no te aferres a él. Olvida el pasado y deja de soñar acerca del futuro. Exprésate estando plenamente presente, ahora mismo. Nada, ni los arrepentimientos del pasado ni las ansiedades acerca del futuro deberían interferir con la afluencia de tus sentimientos interiores cuando tú los expresas. Suelta todo, y deja que todo tu ser fluya a través de tu estado de ánimo. Esto es exactamente lo que hace un niño.

"Un niño no tiene ningún apego al pasado, ni se preocupa por el futuro. Cuando un niño dice: 'Mami, ¡te quiero mucho!' él realmente lo siente así. Por medio de sus besos, de sus miradas, y de sus amorosos modales, él se expresa con todo su ser. El niño no recuerda la reprimenda o la paliza que recibió ayer, ni tampoco está molesto porque el juguete que tanto deseaba no le fue comprado; y no tiene preocupaciones acerca de mañana. Él no se aferra a nada. El niño simplemente ama y olvida. Un niño nunca puede hacer nada parcialmente. Siempre que hace algo, él está totalmente presente. Hacer algo en forma parcial es posible sólo cuando hay un ego.

"Cualquier cosa que hace un niño no está relacionada a ningún recuerdo. El niño está en el momento presente, y ya sea que sienta amor o enojo, ese sentimiento se expresará en forma plena. Pero él pronto lo olvida y pasa al momento siguiente. Las expresiones de un niño, tanto de enojo como de amor, nunca son por apego. Es por eso que incluso el enojo de un niño tiene una cierta belleza. Es puramente natural y espontáneo, y cualquier cosa que es expresada espontáneamente, sin interferencia del ego, posee una belleza y un encanto propios. Pero se debe ser inocente para ser así de espontáneo. Ésa es la razón por la cual aun la ira de un *Mahatma* es hermosa, porque el *Mahatma* es absolutamente puro e inocente. Sus expresiones son espontáneas, directas, y completamente naturales. Él no reacciona por cosas del pasado. Él simplemente es, aquí mismo, en este momento.

"El enojo de un adulto es feo. A nadie le gusta una persona cuando ésta está enojada. Pero el enojo de un niño es diferente. Cuando un niño está enojado, el padre, la madre, o algún otro levantará al niño y lo abrazará. Lo besará y hará todo lo que pueda para calmarlo. Mientras que el enojo de un adulto crea rechazo y provoca enojo en los demás, el enojo de un niño invoca nuestro amor y nuestra compasión. Es la presencia del ego en el adulto, y la ausencia del mismo en el niño, lo que hace la diferencia.

"Sólo se puede estar apegado si se tiene un ego. El ego te hace apegarte al pasado, y mientras exista el apego del ego por el pasado, tú no podrás expresar nada plenamente. Cada una de tus palabras y acciones estarán manchadas por el ego. El pasado se erige ante ti y crea una barrera entre tú y cualquier cosa que haces o dices. Cualquier cosa que deseas expresar primero pasa por el filtro de la barrera del pasado; de ese modo el niño interior, es decir, la inocencia interior, queda completamente bloqueada.

"Un niño no tiene ego, ni pasado ni futuro. El niño no tiene apegos, y por ello, él puede expresarse plenamente, sin ningún prejuicio ni ideas preconcebidas.

Verdadero crecimiento y madurez

"Los adultos creen que ya han crecido, que ya no deben ser como niños, y que las cualidades de inocencia o ingenuidad, propias de un niño, son algo de lo cual uno debe avergonzarse. Pero lo que en realidad ha crecido en los adultos es el ego. Puede que el cuerpo, el intelecto, y el ego hayan crecido, pero el corazón, vale decir, las cualidades esenciales tales como el amor y la compasión, están en su lecho de muerte. Las personas piensan que se han convertido en adultos maduros. Pero, ¿son ellos realmente adultos y maduros?

"El cuerpo ha cambiado de niño a cuerpo de adulto, pero la personalidad interior todavía no se ha desarrollado.

"Si continúas aferrándote al pasado, tú no puedes decir que tienes madurez. Por supuesto, se puede encontrar gente con un ego supuestamente maduro, pero entre ellos no encontrarás un verdadero ser humano maduro. Una persona con un ego maduro puede que se comporte de una manera refinada y decente, pero todavía habla y actúa en la luz de su pasado. Sus palabras y acciones en el presente están enraizadas en sus experiencias pasadas. Él ha cometido muchos errores en el pasado. Él ha aprendido mucho de todas esas experiencias; y ahora, siempre que hace o dice algo, él se cuida de no repetir los mismos errores y de no decir algo tonto, porque sabe a través de la experiencia que eso le puede traer problemas. Así que elige sus palabras cuidadosamente y actúa sólo después de pensarlo bien. Esto muestra que el pasado aún está trabajando dentro de él, de un modo poderoso, refinado, y sutil. A esto lo podemos llamar madurez, madurez intelectual, o madurez del ego — pero no es verdadera madurez.

"La madurez genuina y real se desarrolla cuando se abandona el ego y se deja de morar en el pasado. Cuando se le permite al Ser superior interno expresarse, sin ser manchado o interrumpido por el ego, se desarrolla una madurez espontánea y genuina."

Pregunta: "¿Amma está diciendo que el crecimiento y la madurez de la gente, lo que se considera tan real, no es real en absoluto?"

La Madre: "Hijos, tiene su propia realidad. Pero es relativa. Amma siente que todas las cosas deberían evaluarse desde dos niveles: desde un nivel mundano y desde un nivel espiritual, desde el punto de vista del individuo y desde una perspectiva universal, más elevada. Lo que parece verdadero desde un nivel mundano puede no ser real desde un nivel espiritual. El crecimiento y la madurez que la gente en general considera real, no es necesariamente real desde un nivel de conciencia más elevado. Esto no significa que el crecimiento material es inútil y sin importancia. El punto es que los seres humanos común y corrientes consideran que sólo los hechos comprobados son reales y válidos. Pero lo desconocido, es decir, aquello que puede conocerse sólo a través de la fe y la práctica espiritual constante, junto con una fuerte determinación, es la Verdad y la Realidad final. Desde ese punto de vista último, este mundo, y lo que ocurre en el mundo, es sólo relativo. Toma, por ejemplo, la muerte de una persona. En lo que se refiere a su familia, es ciertamente una gran pérdida que crea profundo dolor en sus vidas. Pero si lo miras desde un ángulo diferente, hay cientos de miles de personas muriendo diariamente. Cientos de miles de esposas están perdiendo sus esposos, madres están perdiendo sus hijos, y niños están perdiendo sus padres y madres. La muerte debe ocurrir a todo lo que nace — es inevitable e ineludible. Desde un nivel universal, la muerte de una persona es sólo relativamente real. Es un evento importante y muy triste para la familia del individuo, pero no lo es así desde un nivel universal, más elevado.

"Similar es el caso con el crecimiento y la madurez. Debería ser evaluado desde estos dos niveles. Desde el punto de vista del individuo, el crecimiento del cuerpo y del intelecto es real y necesario para su existencia en el mundo. Pero desde un punto de vista universal, el crecimiento real ocurre sólo cuando tú compruebas que eres *Purnam* (el Todo), y no una entidad aislada, no una parte.

"El crecimiento externo, esto es, el crecimiento del cuerpo, de la mente y del intelecto, por cierto que ocupa un lugar propio. Sin embargo, cuando estás creciendo sólo externamente, tú no estás creciendo plenamente. Mientras que el potencial infinito de tu Ser superior interno permanezca sin explotar, tu crecimiento es sólo relativo. Desde el nivel de la última realidad, sólo cuando el descubrimiento del Ser superior tiene lugar podemos llamarla madurez real.

"La madurez del ego es necesaria para el crecimiento de un individuo; esto, a su vez, beneficiará a la sociedad en una cierta medida. Pero el crecimiento interior real y la madurez ocurren sólo cuando uno trasciende el ego, y cuando la personalidad crece de forma integral. Para que tenga lugar un verdadero crecimiento integral, el Ser superior interno debe revelarse. Sólo entonces se transformará tu visión de la vida.

"La humildad es el mejor suelo donde puede producirse la revelación del Ser superior. Desarróllate intelectualmente pero siempre manténte humilde, entonces se perfeccionarán tu intelecto y tu madurez.

"Ser verdaderamente humilde es inclinarse, no sólo con el cuerpo, sino con todo tu ser. Tú deberías sentir con todo tu ser que tú eres nada, no sólo ante el maestro o ante algunas pocas almas selectas, sino ante toda la creación. Reconoce la suprema Conciencia del maestro brillando en todo y a través de todas las cosas.

"Crece sin permitir que tu inocencia se destruya; y mientras creces, permanece humilde en toda circunstancia. Tu crecimiento físico no debe afectar al niño interno. Deja que tu intelecto sea más agudo, que tu mente gane más claridad y vigor, pero junto con el desarrollo de tus facultades, deberías también permitir el crecimiento de los sentimientos del corazón. Un crecimiento así es perfecto crecimiento en perfecta proporción. Te ayudará a mantener una actitud saludable e inteligente para con la vida, en cualquier situación posible. Éste en verdad es el cimiento fundamental de la vida, que te permite experimentar una relación inteligente y amorosa con todos los seres y con todas las cosas."

Cuando la Madre hubo terminado de hablar, uno de los devotos empezó a cantar una canción en alabanza a la Diosa Kali, para la cual él mismo había compuesto la música....

Maha Kali Jagado Dharini

Oh, Mahakali
Tú sostienes todo el universo
Y Tú lo destruyes
Oh, Tú, quien concedes solaz
Tú cautivas mi mente
Por favor, despierta
Y posa tu mirada en esta alma.

Oh, portadora de la salvación
Con un collar de cráneos
Dadora de bendiciones
Oh, protectora de los tres mundos
Destructora del mal
¡Oh, Kali!
Tú cautivas mi mente
Por favor, despierta
Y posa tu mirada en esta alma.

Brahma, Vishnu y Narada
Te están adorando por siempre

Shankara reside por siempre a tus pies
Tú eres eternamente victoriosa
Y no tocada por las *vasanas*
Tú cautivas mi mente
Por favor, despierta
Y posa tu mirada en esta alma.

A las cinco y media de la tarde la Madre llamó a todos los residentes y les pidió que se reunieran en la playa. Cuando llegaron todos a la playa, la Madre estaba en profundo *samadhi. Bri.* Gayatri estaba sentada a unos metros de Ella. Los residentes se sentaron calladamente alrededor de la Madre. Muy pronto todos se encontraban meditando, sólo que muchos de ellos meditaban con los ojos abiertos, mirando a la Madre. El océano azul oscuro elevaba sus olas gigantescas como abrazando y dando la bienvenida a la Madre. Las olas parecían estar bailando de bienaventuranza por la visión de la Madre sentada tan cerca de ellas en la costa.

Una hora más tarde la Madre se puso de pie y caminó lentamente por la playa. Estaba oscureciendo y una brisa fuerte soplaba desde el mar. El *sari* blanco de la Madre y su ondulado cabello negro bailaban al viento. Las olas parecían competir entre sí para postrarse a los pies santos de la Madre y para asirse de ellos. Mientras la Madre caminaba con lentos pasos por el borde de la playa, algunas olas tuvieron la fortuna de abrazar y besar sus pies. Entonces se retiraban pacíficamente para fundirse nuevamente con el mar. Las otras olas repetían sonoramente el sagrado sonido: *"Om,"* y se precipitaban hacia la costa, como si ellas también tuvieran la esperanza de abrazarse a esos santos pies.

En un estado espiritual de profunda absorción, la Madre cantó, mientras continuaba caminando por la costa seguida de sus hijos.

Omkara Mengum

El sonido 'Om' resuena por todas partes
Haciendo eco en cada átomo.
Con una mente apacible,
Repitamos: 'Om Shakti.'

Las lágrimas de tristeza están desbordando
Y ahora la Madre es mi único apoyo.
Bendíceme con Tus hermosas manos
Pues he abandonado los goces mundanos,
Dolorosos e inútiles como ellos son.

El miedo a la muerte ha desaparecido:
El deseo por la belleza física ya no existe.
Debo recordar constantemente Tu forma
Que brilla con la luz de Shiva.

Cuando yo esté lleno de la luz interior
Que desborda y brilla ante mí,
Y cuando esté ebrio de devoción,
Me fundiré en la belleza de Tu forma

Tu forma es lo que más he anhelado ver
Todo el encanto que existe se ha cristalizado
Y llega como esta belleza inigualable.
Oh, ahora mis lágrimas están desbordando....

Cuando la canción terminó, la Madre dejó de caminar y se paró mirando el horizonte occidental durante algunos segundos antes de girar y caminar de regreso hacia el ashram, seguida por los demás.

❧⚜❧

Capítulo 4

"Sí, yo soy Kali"

Unas pocas personas más y el *darshan* acabaría. La Madre terminó el *darshan* y poco después se la veía en el comedor, donde Ella misma sirvió comida a todos los devotos. Como la madre más amorosa y afectuosa, Ella esperó hasta que todos hubiesen recibido su alimento antes de retirarse. Cuando la Madre estaba marchándose, de repente hizo un giro y se acercó a un visitante. Tomó una bola de arroz, que él había mantenido a un lado de su plato, y sin decir una palabra se la comió. Como si le hubiera caído un rayo el hombre quedó paralizado y miró fijamente el rostro de la Madre, con lágrimas fluyendo de sus ojos y rodando por sus mejillas. Enseguida estaba sollozando incontrolablemente, gritando: "¡Kali! ¡Kali!" mientras caía a los pies de la Madre. Acariciando su cabeza y su espalda con una sonrisa radiante y compasiva, la Madre pasó algunos minutos en el comedor antes de regresar a su habitación.

Más tarde, el hombre, que era de Bengala, explicó el misterio del comportamiento aparentemente extraño de la Madre y de su reacción emocional. Él había estado en Cochin el día anterior, cuando un amigo le habló sobre la Madre. Siendo un ardiente devoto de Kali, él se sintió fuertemente atraído hacia Ella. Su amigo tenía urgentes compromisos que atender, de manera que él llegó solo al ashram para ver a la Madre por primera vez. Fue hacia la Madre en la cabaña y tuvo su *darshan*. Luego, más tarde, mientras estaba sentado en el comedor frente a la comida que la Madre acababa de servir, él hizo una bola de arroz y la puso a un costado de su plato con la resolución de que: "Si la Madre es Kali, mi Deidad Bienamada, a quien yo he adorado durante tanto tiempo, Ella vendrá y comerá este arroz." Así que eso es lo que ocurrió. Cuando él vio a la Madre que salía caminando del comedor, sintió una enorme tristeza. Pero un momento después la Madre estaba parada frente a él, y antes que él supiera lo que estaba sucediendo, la Madre tomó la bola de arroz que él había separado para Kali y Ella se la comió. El hombre dijo: "Cuando Amma se comió la bola de arroz, Ella estaba diciéndome claramente: 'Sí, Yo soy Kali.'" Después de este incidente, él estuvo en un estado de embriaguez divina durante todo el tiempo que pasó en el ashram, hasta que se fue a Calcuta a la mañana siguiente.

Conoced que el Ser superior interior es sin egoísmo

Esta noche, un grupo de devotos miembros de familia llegó para recibir el *darshan* de la Madre. La Madre estaba sentada con ellos detrás del templo viejo.

Siempre que la Madre está rodeada de sus hijos, Ella está más que deseosa de aclarar cualquiera duda que ellos pudieran tener. Cuando los devotos y los *brahmacharis* están con la Madre, su insaciable sed por verdadero conocimiento toma la forma de preguntas espontáneas. Esta vez, la pregunta la hizo una mujer que era profesora universitaria, y que había estado profundamente dedicada a la Madre por mucho tiempo.

Pregunta: "Amma, al amor desinteresado y a la acción desinteresada se los considera como un sendero hacia Dios. Pero, ¿cómo puede uno amar y actuar desinteresadamente y sin egoísmo cuando uno mantiene una actitud de constante crítica hacia los demás y sólo posee ideas preconcebidas? El inegoísmo parece más una meta que hay que alcanzar, y no algo que tenga que practicarse. Amma, ¿podría Usted aclarar esto?"

La Madre: "La acción desinteresada es la expresión externa del amor desinteresado. Cuando el corazón está colmado de amor, se expresa como acción desinteresada. Uno es un profundo sentimiento interior y lo otro es su manifestación externa. Sin profundo amor incondicional, las acciones inegoístas no pueden realizarse.

"En las etapas iniciales, las acciones que realizamos en nombre del inegoísmo no son inegoístas, porque el amor que sentimos por nosotros mismos está presente en todo lo que hacemos y decimos; en realidad, al principio, nuestra egolatría es la fuerza que impulsa cada una de nuestras acciones, aunque nosotros las llamemos inegoístas. El amor por el ego, o por uno mismo, es el sentimiento más predominante en todos los seres humanos. A menos que ese sentimiento muera, no puede aparecer el verdadero inegoísmo.

"Se necesita un permanente estado de alerta para detener al ego en sus interferencias. Es mucho más fácil estar enamorado del ego que sentirse verdaderamente inspirado por el ideal del inegoísmo. La mayor parte del tiempo el inegoísmo del que hablamos es realmente egoísta, porque todo lo que hacemos surge del ego. El origen de nuestro supuesto amor y de nuestras acciones es el ego, y no nuestro Ser superior interno. Nada puede ser desinteresado e inegoísta a menos que brote directamente del corazón, de nuestro verdadero Ser superior. Ésta es la razón por la cual los grandes santos y sabios espirituales han dicho que tú debes conocer tu Ser superior antes de poder amar y servir a los demás desinteresadamente. De lo contrario, ¿quién sabe? todo podría equivaler al hecho de que tú estás enamorada de tu propio ego, y nada más.

"La total ausencia de egoísmo es el estado final que ha de alcanzarse. Una persona no puede ser totalmente desinteresada sin deshacerse de sus ideas preconcebidas y de su actitud de crítica. Se puede, sin embargo, tener como meta el inegoísmo, como un ideal, y luego tratar de alcanzarlo a través de los métodos apropiados que recomiendan los maestros.

"Hay un relato acerca de un viejo que estaba plantando árboles de mango. Cuando su vecino vio lo que estaba haciendo, se acercó a él y le dijo: '¿Tú crees que vivirás lo suficiente como para gustar los mangos que darán estos árboles?'

'No, lo dudo,' respondió el viejo.

'Entonces ¿por qué estás malgastando tu tiempo?' preguntó el vecino.

El viejo sonrió y dijo: 'Toda mi vida he disfrutado de comer mangos de árboles que han sido plantados por otros. Ésta es mi manera de expresar gratitud a la gente que plantó esos árboles.'

"El inegoísmo puede ser el factor que impulse todas nuestras acciones. Aprende a ser agradecida con todos, con toda la creación, incluso con tu enemigo, y con aquellos que te insultan y se enojan contigo, porque todos ellos te ayudan a crecer. Ellos son espejos, imágenes de tu propia mente. Si sabes leer e interpretar las imágenes correctamente, tú puedes deshacerte de tu mente y sus debilidades.

"Si eliges el amor y el inegoísmo como meta, tú necesitas ser vigilante. Vigila tu mente constantemente, pues la mente no te dejará hacer nada desinteresadamente. La mente no quiere que tú seas inegoísta — su único objetivo es el de conducirte por el sendero del egoísmo, porque la mente es egoísta. En tanto y en cuanto tú mores en la mente sólo puedes ser egoísta. Tú tienes que estar libre de la mente para ser inegoísta."

Observad la mente

Pregunta: "Entonces, ¿cómo se libera uno de la mente?"

La Madre: "Siendo vigilante y constantemente consciente. Había un hombre que solía venir al ashram. Solía criticar a todos los que veía y a quejarse de todo continuamente; nunca tuvo una palabra de alabanza acerca de nadie. Finalmente, Amma le dijo:

'Hijo, tú no deberías calumniar a la gente así. Todos tienen debilidades, pero también poseen buenas cualidades. Trata de ver el bien en todos. Ésa es la mejor forma de volverse bueno en palabra y acción.' Después de eso se quedó callado por un tiempo. Pero un día cuando Amma estaba hablando con él, él dijo: 'Amma, ¿sabe Usted una cosa? El Sr. D. dice que el Sr. S. es muy egoísta y desconsiderado.'

"De un modo u otro, la mente seguirá haciendo sus trucos. Cuando Amma le dijo a este hombre que no debía criticar a los demás, él no pudo decir que no a Amma debido a su reverencia por Ella. De modo que externamente estuvo de acuerdo. Pero en lo profundo de su mente lo rechazaba. Su mente no podía aceptar que él tenía que cambiar, pues era una tendencia muy profundamente arraigada en él. Como ves, la mente es una cosa muy astuta y traviesa. Su mente no quería aceptar el consejo de Amma, pero al mismo tiempo, quería dar una gran demostración externa, quería aparentar, sólo para impresionar a otros. Con variaciones y modificaciones leves, la mente continuaba jugando su sucio juego: 'Este hombre dice que aquel hombre no es bueno.' ¡Fíjate cómo funciona la mente!

"Así que sé vigilante. No permitas que la mente te engañe. Ha estado haciendo sus trucos y tomándote por tonta durante todas las edades, vida tras vida. Para empezar, tú necesitas entender que la mente es una embaucadora, una mentirosa muy lista, que no te deja ser consciente de tu verdadera naturaleza, del Ser superior. La vigilancia constante impedirá que esa mentirosa mienta. Deberías ser tan vigilante que aun si la mente tratara de entrar por la puerta trasera sigilosamente, tú te pudieras percatar de su entrada inmediatamente. Nada debería ocurrir sin tu conocimiento; ni un solo pensamiento, ni una sola respiración debería escapar sin que tú seas consciente de ello. Una vez que puedas permanecer alerta, mantén una vigilancia estrecha sobre la mente. La mente, entonces, desaparecerá junto con las engañosas trampas del pasado.

La ausencia de egoísmo es espontánea

"La ausencia de egoísmo — el inegoísmo — es un estado de total espontaneidad, que surge una vez que uno se establece en el Ser superior.

"En la gran epopeya, el *Srimad Bhagavatam*, hay una historia acerca de San Samika. Este relato te dará una idea de cuán espontáneo puede ser el inegoísmo. El Rey Parikshit, nieto de Arjuna, salió una vez en una expedición de cacería. Fue una cacería muy larga y agotadora, y el Rey eventualmente fue vencido por la sed. Se marchó solo para encontrar algún lugar donde pudiera conseguir un poco de agua. Finalmente se cruzó con la ermita de San Samika. El sediento y extenuado Rey entró a la ermita pidiendo agua a gritos. Pero el Santo estaba en profundo *samadhi*, inconsciente de sus alrededores. Cuando Samika no respondió a los repetidos pedidos de agua del Rey, éste se puso furioso. Él se sintió profundamente insultado, y perdiendo su discernimiento, levantó una serpiente muerta con la punta de su arco y la enroscó en el cuello de Samika. El Rey entonces dejó el lugar. Pero algunos jóvenes amigos del hijo de Samika, Sringi, de ocho años de edad, habían presenciado el acto del Rey. Ellos informaron sobre el asunto a Sringi, que estaba jugando en un terreno cercano. Cuando el muchacho se enteró de lo que había sucedido, se enfureció y pronunció una maldición: 'Quienquiera haya sido la persona que se atrevió a hacer una cosa tan atroz a mi puro y santo padre, será mordido por la terrible serpiente Takshaka dentro de siete días a partir de hoy, y con ello encontrará su muerte.'

"Recuerda que este muchacho tenía tan sólo ocho años cuando pronunció la maldición. Esto muestra la tremenda fuerza de voluntad que los niños que eran criados en las antiguas *gurúkulas* tenían en esos días. Ese poder era el poder del *dharma*.

"Cuando el santo salió de su *samadhi*, quedó pasmado al enterarse de la maldición que había sido pronunciada contra el Rey Parikshit. Inmediatamente cayó sobre sus rodillas y oró: '¡Oh, Señor! mi pequeño hijo, en su ignorancia, ha cometido el imperdonable error de maldecir a un monarca grande y justo. Por favor, haz ineficaz la maldición y salva al Rey de la muerte.' Llamó a su hijo y lo envió al palacio del Rey para que le informara acerca de la maldición y que le pidiera al Rey que tomase las precauciones necesarias para impedir que se cumpliera la maldición.

"La maldición, sin embargo, no pudo evitarse. Pero el gran Rey, Parikshit, sólo se benefició con ella, porque le permitió conocer al gran sabio Suka, quien le contó las historias del *Bhagavatam*, y así el Rey Parikshit alcanzó *Moksha* (Liberación).

"La historia muestra la ausencia de ego y la clemencia de Samika. Él no se molestó en absoluto por la falta de discernimiento del Rey; no se sintió insultado ni maltratado de modo alguno. Cuando supo que el Rey le había enroscado la serpiente alrededor del cuello, el Sabio le dijo a su hijo: 'Tú maldijiste al Rey sin conocer la verdad. El Rey estaba sediento y exhausto. En su desesperación, él sólo podía pensar en agua; y cuando no la pudo conseguir, perdió la calma y puso la víbora alrededor de mi cuello. Pero, sobre todo, él es el Monarca. Aunque nosotros vivimos aquí, lejos en este bosque remoto, nosotros también somos sus súbditos. Él nos protege; es gracias a él que vivimos aquí a salvo y sin ser perturbados. Además, el Rey es un gran devoto del Señor. Maldiciéndolo, perderás la Gracia del Señor.'

"Una expresión de perdón así, tan hermosa y espontánea, sólo puede provenir del corazón de un alma inegoísta. Una vez establecida en el Ser superior, tú eres sin-ego, y tu inegoísmo es espontáneo."

La Madre de repente entró en un estado de *bhava samadhi*. Había una sonrisa radiante en su rostro. Ella estaba sentada haciendo un *mudra* con su mano derecha; su dedo índice y el meñique estaban estirados, mientras que los otros tres dedos estaban unidos en el centro. Inspirados por su estado divino y exaltado, los *brahmacharis* cantaron:

Kurirul Pole

¿Quién puede ser aquella
De forma tan terrible
Oscura como la más oscura de las noches?

¿Quién es Ésa
Bailando frenéticamente
En este campo de batalla salpicado de sangre
Como un ramillete de flores azules
Dando vueltas en un lago carmesí?

¿Quién es Ella
Con tres ojos
Que destellan como bolas de fuego?

¿Quién es Ella
De espesos rulos negros al viento
Ondeando como oscuras nubes de lluvia?

¿Por qué tiemblan los tres mundos
Cuando Sus pasos de baile golpean la tierra?

¡Oh, aquella resplandeciente damisela
Es la bienamada de Shiva
El Portador del tridente!

Después de la canción, la Madre regresó a su estado normal. La profesora universitaria, que preguntaba mucho y quería saber más acerca de la actitud de inegoísmo, pidió a la Madre que le diera mayor claridad sobre el tema.

La Madre: "Antes de alcanzar la Realización, cualesquiera acciones que se llevan a cabo en nombre del servicio desinteresado están destinadas a llevar la mancha del egoísmo, porque todo se filtra por la mente. Sólo aquellas acciones que provienen directamente del *Atman* y del corazón pueden ser inegoístas. Pero no te preocupes; si tienes la determinación y la actitud correcta, eventualmente llegarás a ser inegoísta.

"Continúa realizando tus acciones en el mundo con la actitud de inegoísmo. Al principio tienes que hacer un esfuerzo consciente para permanecer firme en el camino a la meta. Tu esfuerzo consciente se convertirá, a su debido tiempo, en esfuerzo inconsciente, y ello te llevará al estado de perfecto inegoísmo. Tu inegoísmo entonces será espontáneo. Pero, por ahora, tú necesitas estar en constante estado de alerta. Tan pronto como la mente interfiere, tú deberías percatarte de ello. Reconoce a la mente por lo que ella es: un obstáculo, el más grande enemigo en tu sendero. Conoce que es una mentirosa. Ignora a la mente bulliciosa y a su cháchara.

"Un estudiante de medicina no es un médico. Tiene que dedicar años de estudio concentrado y de preparación para llegar a ser un buen médico. Pero durante el período en el que todavía es un interno, podríamos llamarlo doctor aunque aún no haya recibido su título. ¿Por qué? Porque es la meta que alcanzará al final de sus estudios. Cualquier cosa que él hace la hace como una preparación para esa meta. Su objetivo es ser médico; él constantemente recuerda esto y hace todo esfuerzo para alcanzar esa meta final. Él se abstiene de toda acción o situación que pueda crear un obstáculo en su sendero. Del mismo modo, nuestra meta final es el inegoísmo, pero todavía no hemos llegado allí. Cumplimos con nuestro deber y llevamos a cabo nuestras acciones en este sentido como nuestra meta. Aunque nuestras acciones por ahora no son desinteresadas, nosotros las llamamos desinteresadas, tal como podríamos llamar doctor a un practicante de medicina. Pero éste es aún nuestro período de entrenamiento, y tenemos un largo camino que recorrer antes de llegar a destino. Debemos ser muy firmes en nuestra resolución de alcanzar la meta; debemos evitar los pensamientos innecesarios, y siempre que realicemos una acción, debemos tratar de desistir de apegarnos a la acción o a su fruto. La acción se hace ahora, en este momento — la acción es el presente, y el fruto es el futuro. Vive en el momento presente. Aprende a llevar a cabo tus acciones sin ningún apego, e ignora el fruto del futuro. Esta actitud limpiará la mente de toda su negatividad y sus impurezas, y lentamente te elevará al estado de amor desinteresado y devoción; eventualmente te llevará incluso más allá de eso, hasta el estado máximo de conocimiento supremo.

"Puede que tú preguntes: ¿Tenemos los seres humanos la capacidad de alcanzar el estado de amor e inegoísmo? Hijos míos, la verdad es que sólo los seres humanos poseen la capacidad de alcanzar ese estado final. Depende, sin embargo, de cómo pensamos y actuamos. Este mundo nos pertenece. Está en nosotros hacer de él un cielo o un infierno. Todo lo demás en la Naturaleza sigue siendo exactamente como es. Sólo el hombre tiene el poder para elegir; y, si elige el camino equivocado, todo saldrá mal. Él puede prepararse para sí un lecho de espinas venenosas o un lecho de flores divinamente perfumadas. Desafortunadamente, lo que se puede ver por todo el mundo es la rápida preparación del hombre de su propio lecho de muerte. Consciente o inconscientemente, la gente se aleja más y más de la verdadera vida y se acerca a la muerte. Aun cuando la inmortalidad es fácilmente accesible, la gente la ignora.

"La verdad es que la muerte no es natural para nosotros. La muerte es natural sólo para el cuerpo, no para el *Atman*, que es nuestro verdadero ser. Es la vida, el principio de vida, lo que es natural. La aflicción es también antinatural, mientras que el gozo es nuestro estado natural. Pero el hombre parece estar mucho más ansioso de abrazar tanto la muerte como la aflicción. Él se ha olvidado de cómo sonreír. Sólo cuando uno se conecta con el gozo del *Atman* se puede verdaderamente sonreír. En la etapa actual, sin embargo, hay poca felicidad adentro, porque nuestros corazones están llenos de tristeza; y esto se refleja en cada palabra, pensamiento y acción. ¿Cómo, entonces, se produjo esta caída desde la inmortalidad? Hijos míos, es la duda y el miedo lo que nos ha sacado del gozo y de la inmortalidad. No obstante, ese gozo perdido y olvidado puede ser recobrado si tan sólo hacemos el esfuerzo de ser inegoístas. La inmortalidad, que es nuestro verdadero estado, puede volverse a descubrir a través de la actitud de amor desinteresado y de acción desinteresada.

"No se necesita de ningún entrenamiento especial para comportarse con egoísmo, pues sucede que ésa es la tendencia predominante en los seres humanos. Mientras que todo en la Naturaleza — las aves y los animales, las montañas, los ríos y los árboles, el sol, la luna y las estrellas — figuran como típicos ejemplos de servicio desinteresado, el hombre es el único que actúa por puro egoísmo y codicia. Él mora en su ego y ha hecho de su vida toda una baja empresa comercial. Para el hombre, ya no hay ninguna santidad de vida; hay sólo negociaciones egoístas. La vida toda, el universo entero, es un juego de la conciencia divina. Pero el hombre la ha convertido en un juego del ego.

La mente negativa

"Si el hombre quiere ser egoísta, no tiene que aprender a serlo, nadie tiene que enseñarle, porque ya lo es, excepto cuando está profundamente dormido. Aun sus sueños son egoístas, porque son proyecciones de su mente egoísta. Dado que la mente es inherentemente negativa, así también lo son la mayoría de sus sueños. Este estado de sueño es una proyección del pasado. A menos que el pasado desaparezca, el progreso espiritual no puede lograrse.

"Hay un hermoso incidente en el *Mahabharata* donde Karna describe la naturaleza negativa e inconstante de la mente. Todo el mundo reverenciaba a Karna por su bondad y su gran generosidad. Un día, él estaba aceitando su cabello en preparación para su baño. En ese momento llegó el Señor Krishna y le pidió a Karna que le regalara la copa que contenía el aceite, la que estaba adornada con piedras preciosas. Krishna estaba poniendo a prueba a Karna, pues Karna tenía la reputación de regalar inmediatamente, sin excepción, cualquier cosa que se le pidiera. Él nunca postergaba una oportunidad para dar. Cuando Krishna pidió ahora el alhajado objeto que Karna estaba usando, Karna se sintió un poco sorprendido. Él dijo: 'Ah, mi Señor, ¿qué extraño que Tú quieras una cosa tan insignificante? Aunque, ¿quién soy yo para juzgar? Aquí tienes, tómala.' — y como la mano derecha de Karna estaba llena de aceite, él puso la copa en la mano de Krishna con su mano izquierda. Pero el Señor lo reprendió por ofrecer el regalo con la mano izquierda. (En la India, uno nunca debe ofrecer nada con la mano izquierda, lo que se considera incorrecto.)

'¡Perdóname Señor!' dijo Karna. 'Como puedes ver, mi mano derecha está cubierta de aceite y yo temía que durante el tiempo que me hubiese tomado el lavarme la mano, mi mente, tan poco digna de confianza, pudiera cambiar de parecer y ya no desear darte la copa. Mi mente voluble, entonces, me hubiera privado de la buena fortuna obtenida por la providencia de ofrecerte a ti algo. Ésta es la razón por la que actué en ese mismo instante. Por favor, perdóname.'

"Hijos míos, ésta es una buena descripción de la mente.

"Amma no está diciendo que vosotros tenéis que abandonar toda acción, o dejar de mostrar amor hasta que alcancéis el estado de perfección. Vuestro esfuerzo sincero de amar y de actuar sin egoísmo debe continuar. Pero Amma quiere que os percatéis de cuán sutil es el ego. Si no estáis constantemente vigilantes y atentos, el ego os engañará entrando a hurtadillas por la puerta trasera.

"Hijos míos, no se puede ayudar a nadie sin beneficiarse uno mismo, ni es posible herir a nadie sin sufrir daño uno mismo. Escuchad esta historia que Amma oyó el otro día.

"Un hombre tropezó con un amigo en la calle. Cuando notó que su amigo estaba refunfuñando consigo mismo, le preguntó: '¿Qué te ha pasado? ¿Por qué estás tan molesto?'

Su amigo dijo: 'Ese estúpido conductor de taxi en la estación de trenes, siempre que lo encuentro me palmea en la espalda. Bueno, ¡he decidido decirle cuatro verdades!'

Su amigo lo previno diciéndole: 'No te metas en dificultades.'

Pero el quejumbroso insistió: '¡Esto es demasiado! ¡Tengo que darle una lección!'

'Muy bien,' dijo su amigo, '¿cuál es tu plan?'

'Escucha,' dijo el refunfuñón, 'hoy voy a esconder un cartucho de dinamita en mi abrigo; después de eso a él ya no le quedará brazo para palmearme.'"

Todos se rieron cuando la Madre terminó la historia.

La Madre continuó: "Hijos, el tener una actitud de inegoísmo nos elevará. Ayudando a otros estamos, en realidad, ayudándonos a nosotros mismos. Por el contrario, cada vez que realizamos una acción egoísta, nos estamos causando daño. Aprended a bendecir a todos. Nunca maldigáis a nadie, porque un ser humano no es un simple montón de carne y hueso. Hay una conciencia trabajando dentro de todos. Esa conciencia no es una entidad separada, aislada; es parte del todo, una unidad suprema. Cualquier cosa que hacemos se refleja en el Todo, en la única mente universal — y regresa a nosotros con la misma intensidad. Siempre que hacéis una buena o una mala acción, ella se refleja en la conciencia universal. Por lo tanto, aprended a ser inegoístas y aprended a bendecir a todos. Orad por todos, porque nosotros necesitamos el apoyo y las bendiciones de toda la Creación para nuestra elevación.

"Cuando rezamos por otros, el universo entero reza por nosotros; y cuando bendecimos a otros, el universo entero nos bendice a nosotros, porque el hombre es uno con la energía cósmica.

"¿Por qué les pidió Krishna a todos los habitantes de Vraya que adoraran el monte Govardhana?[3] Él hizo de ese día de adoración un gran festival, aun cuando Él no necesitaba la bendición de nadie. Lo hizo sólo para enseñar a la humanidad el modo de buscar las bendiciones de toda la Creación, y el modo de conectarse con ellas."

Nuestra bienamada Madre misma da un ejemplo de este tipo. Antes de instalar el ídolo durante la ceremonia de consagración de un templo *Brahmasthanam*, la Madre aparece, una tras otra, en cada una de las cuatro puertas del templo, y con sus manos juntas pide permiso a todos diciendo: "La consagración está por llevarse a cabo. Hijos, todas sus bendiciones son necesarias." Cuando la Madre, que es el infinito poder de Dios en forma humana, y que puede bendecir toda la creación con una sola mirada, busca el permiso y las bendiciones de sus hijos, ello es un ejemplo único de humildad. Ésta es una gran lección para todos nosotros sobre

---

[3] Montaña sagrada que se encuentra cerca del lugar donde nació el Señor Krishna. Se cuenta en el Srimad Bhagavatam que Él sostuvo en alto la colina con su mano derecha levantada durante una semana y pidió a los aldeanos que se refugiaran debajo de ella para protegerlos de una fuerte tormenta.

cómo buscar nuestras bendiciones por parte de todas las personas y de todas las cosas, incluso de la más insignificante de las criaturas.s

Capítulo 5

Después de celebrar un programa en Kodungallor, la Madre y los residentes estaban regresando al ashram en el vehículo del ashram. Cuando el grupo llegó a Alleppy, el auto se estropeó de repente. *Br.* Ramakrishnan, quien conducía, miró a la Madre con un gesto de impotencia. Se bajó y examinó el motor, pero no encontró ningún signo de avería. Nuevamente trató de poner en marcha al vehículo, pero no ocurrió nada. Le preguntó a la Madre si debía llamar a un mecánico o si debían alquilar otro medio de transporte. Pero la Madre no dijo nada. Ella simplemente sonrió, descendió del auto y se alejó caminando. Ramakrishnan estaba en aprietos. Como todos se fueron caminando tras la Madre, él también la siguió, con la esperanza de que Ella le daría alguna instrucción. Pero la Madre ignoraba sus preguntas. Tras unos minutos llegaron a la casa del Sr. Sekhar, cuya residencia no estaba lejos del lugar donde se había averiado el automóvil. El Sr. Sekhar y su familia eran profundos devotos de la Madre, y cuando la vieron, se colmaron de alegría. Lloraban y se reían al mismo tiempo, tratando alarmados de organizar todo rápidamente, de manera que pudiesen recibir a la Madre del modo tradicional. Con lágrimas en los ojos hicieron *pada puya* a la Madre, mientras cantaban algunos versos del *Devi Mahatmyam*.

Devi Mahatmyam

*Oh, Reina del Universo, Tú proteges el
Universo. Como el Alma del universo, Tú
Sostienes al universo. Tú eres la (Diosa)
Digna de ser adorada por el Señor del
Universo. Aquellos que se inclinan en
Devoción a ti, ellos mismos se vuelven el
Refugio del universo.*

Oh, Devi, que seas complacida y siempre
Nos protejas del miedo a los enemigos,
Como Tú lo acabas de hacer con la matanza
De los asuras. Y destruye rápidamente los
Pecados de todos los mundos y las grandes
Calamidades que han surgido como fruto
De los malos presagios.

Oh, Devi, Tú que quitas las aflicciones
Del universo, danos tu gracia a quienes
Nos hemos inclinado ante ti. Oh, Tú, digna
De adoración por los habitantes de los
Tres mundos, sé dadora de dones para los
Mundos.

La familia había estado deseando por mucho tiempo que la Madre visitase su hogar. Ellos habían oído que la Madre regresaría al ashram vía Alleppy después del programa de Kodungallor, y sinceramente tenían la esperanza de que la Madre los visitara. Desde esa mañana habían estado hablando únicamente de la Madre, y apenas unos minutos antes que la Madre entrara a su hogar, el Sr. Sekhar y su padre estaban diciéndose el uno al otro que dudaban de que la Madre visitara su casa sin ser invitada. Un momento más tarde la Madre estaba parada en la puerta. Ellos no podían creer lo que veían sus ojos. Era como un sueño.

Después del *pada puya*, la Madre entró al santuario de la familia donde Ella realizó el *arati*. Cuando el *arati* hubo concluido, la Madre llamó a cada uno de los miembros de la familia y habló con ellos individualmente. Ella escuchó los relatos de sus dolientes corazones y afectuosamente los consoló con su compasivo toque y sus balsámicas palabras. La Madre pasó cuarenta y cinco minutos con los Sekhar.

Cuando la Madre dejó la casa, un Ramakrishnan triste y confundido esperaba afuera. La Madre caminó de regreso hasta el vehículo del ashram sin decir una palabra. Cuando llegaron al lugar, Ramakrishnan dijo: "Amma, el auto no ha sido reparado." La Madre subió al vehículo y dijo: "Trata de ponerlo en marcha de nuevo." Ramakrishnan hizo lo que la Madre le pidió y giró la llave de encendido. El motor arrancó inmediatamente y el auto comenzó a moverse por la ruta sin dificultad. Con una gran sonrisa en su rostro, Ramakrishnan miró hacia atrás a la Madre y le dijo: "¡Así que sólo fue otra de Sus *lilas*!" La Madre tenía una expresión picaresca en su rostro, como si estuviese diciendo: "Hijo, tú sólo has visto una diminuta porción de esta *lila* infinita."

Vivir con la Madre es como ser un avión que está en camino hacia su punto de despegue. Primero el avión se mueve lentamente desde el aeródromo hacia la pista; luego se desplaza más y más rápidamente por la pista hasta que finalmente despega. Si uno aprende a vivir en la presencia de la Madre con una actitud de amor y auto-entrega, con certeza seremos llevados hasta el punto de despegue. En la presencia de la Madre uno no es el mismo todo el tiempo — internamente cambiamos constantemente. Los antiguos patrones desaparecen a medida que uno entra más y más profundo en las nuevas esferas de la verdadera existencia.

En camino de regreso al ashram, la Madre visitó las casas de dos devotos más en Harippad. Eran las 7:30 p.m. cuando la Madre y el grupo arribaron al ashram. Un *brahmachari* llamado Anish (Swami Amritagitananda) estaba esperando la llegada de la Madre en el ashram. Él estaba tomando un curso de *Vedanta* en otra organización espiritual en Bombay. Ésta era su primera visita al ashram de la Madre. La Madre se sentó junto al templo viejo y habló con Anish mientras los residentes cantaban los *bhajans* de la tarde. Los que habían estado viajando con la Madre se unieron a los *bhajans*. Todos cantaron:

Akalatta Kovilil

En un templo distante una mecha
Ardía constantemente
Guiando a quienes caminan a tientas
En la oscuridad.
De este modo la Madre mostraba
Su compasión.

Un día cuando yo vagaba por el sendero,
La que es radiante me llamó con un
Gesto de su mano;
Ella abrió la puerta sagrada
Tomó un poco de ceniza santa
Y la frotó sobre mi frente.

Cantó la canción de Dios,
Y me hizo lugar para dormir
Con sus propias suaves manos.
Tuve entonces un sueño original
Que declaró la verdad:
¿Por qué lloras?
¿No sabes que has alcanzado
Los sagrados pies del Señor?

Desperté con un suspiro
Y claramente vi aquel rostro de loto
Lo vi con toda claridad.

Amor y libertad

Después del *bhajan*, todos quedaron observando calladamente a la Madre, que estaba sentada en el lado sur del templo. Uno de los *brahmacharis* espontáneamente hizo una pregunta.

"La libertad eterna de toda esclavitud es la meta de un verdadero buscador espiritual. Pero, de algún modo, parece existir una mala interpretación de esta cuestión, pues parece como si el logro de la libertad eterna y el sendero del amor y la devoción fueran dos cosas separadas. Amma, por favor, ilústrenos un poco acerca de ello."

La Madre: "El amor y la libertad no son dos; son uno. Son interdependientes. Sin amor no puede haber libertad; y sin libertad no puede haber amor. La libertad eterna puede obtenerse únicamente cuando toda negatividad ha sido arrancada. Sólo en el estado de amor abrirá sus pétalos y florecerá la flor fragante de la libertad y de la suprema bienaventuranza.

"Hay un antiguo cuento acerca de un grupo de monjes que vivían en un monasterio con su maestro. Los monjes llevaban una vida muy dedicada y disciplinada. El lugar poseía una atmósfera tan espiritual y maravillosa que la gente llegaba allí a tropeles de todos los rincones. Pero, un día, el maestro dejó su cuerpo. Al principio, los discípulos continuaron viviendo de la misma forma que siempre lo habían hecho; pero poco a poco empezaron a aflojarse, su devoción y su disciplina gradualmente desaparecieron, y el monasterio cayó en un estado de descuido. La gente dejó de visitar el sitio y ya no habían monjes nuevos que quisieran integrarse. Todos los monjes se sentían profundamente desanimados. A menudo discutían entre ellos, sus corazones estaban áridos, y no tenían más amor ni devoción.

"Un día, un monje mayor decidió que algo debía hacerse. Él había oído sobre un maestro espiritual que vivía en un bosque cercano. De manera que abandonó el monasterio y se dirigió en busca del maestro para pedirle su consejo. Cuando lo encontró, le contó acerca del estado de dejadez del monasterio y sobre la condición desesperada en la que éste se hallaba. El maestro sonrió y dijo: 'Hay uno entre vosotros que es un gran santo, una verdadera encarnación de Dios mismo. Los residentes no le están mostrando ningún amor ni respeto, y ésa es la causa de todos vuestros problemas. Pero la encarnación de Dios está viviendo con vosotros disfrazado. Él no va a revelar su identidad.' Habiendo dicho esto, el maestro cerró sus ojos y entró en *samadhi*. El monje no pudo sacarle más información.

"En su camino de regreso al monasterio, el monje se preguntaba todo el tiempo quién de sus hermanos podría ser la Encarnación. '¿Podría ser el monje que lava nuestras ropas?' pensó para sí. 'No, no puede ser él, porque tiene muy mal genio. ¿Podría ser el cocinero?' se preguntó. 'No, no puede ser el cocinero porque él es demasiado desaliñado y sucio en su trabajo y no cocina tampoco muy bien.' Así, él repasó la lista de todos los monjes, descartando a cada uno de ellos por alguna mala cualidad que él había notado en ese monje. Pero de repente pensó: 'Tiene que ser uno de los monjes, ya que el maestro así lo dijo. Pero no puedo ver quién es, porque sólo estoy viendo las faltas de cada uno de ellos; ¿y qué pasa si El Santo está mostrando alguna falta deliberadamente para ocultar mejor su identidad?'

"Tan pronto como llegó al monasterio, les contó a sus hermanos la gran noticia que el maestro le había dado. Todos estuvieron asombrados y se miraron intensamente unos a otros, tratando de descubrir quién podría ser la Encarnación de Dios (cada uno sabiendo que no era él mismo). Pero mirando a su alrededor ellos sólo podían ver a sus hermanos que tan bien conocían, con todos sus defectos y fallas. Hubo una gran discusión entre ellos acerca de quién podría ser la Encarnación. Finalmente decidieron hacer un esfuerzo para respetarse entre sí, y ser bondadosos y humildes unos con otros, porque no tenían idea quién podría ser el *Mahatma*, y no querían ser irrespetuosos y arrogantes con él. Todos los monjes estuvieron de acuerdo en que ésta era una excelente idea. Desde ese momento comenzaron a tratarse de modo muy diferente, con gran respeto y bondad; pues nunca sabían si el monje que se encontraba frente a ellos era el *Mahatma*; y haciendo todo esfuerzo para ver sólo lo bueno en todos los demás, ellos empezaron a amarse mucho. Desconociendo cuál de los monjes podría ser El Santo, no podían evitar imaginar que Éste se encontraba en cada uno de sus hermanos. Gracias al amor que llenó así sus corazones, el lazo de negatividad que por tanto tiempo los había esclavizado, comenzó a romperse. Gradualmente empezaron a percibir a la santidad claramente, no sólo en cada uno de los otros, sino en todas partes — incluso dentro de ellos mismos, y alcanzaron el estado de liberación eterna. La atmósfera del monasterio cambió completamente, y la gente volvió a acercarse allí para beber del amor y la divinidad que impregnaba el lugar.

"De manera que, hijos míos, el amor y la libertad son interdependientes.

"Liberándonos totalmente de la esclavitud de la mente y del ego creamos una corriente de amor en nuestro interior. Las personas están esclavizadas por el pasado y el futuro; ésa es la razón por la que es tan difícil encontrar verdadero amor en el mundo. Para poder realmente amar, tanto el pasado como el futuro deben disolverse y desaparecer. Entonces experimentaréis el momento presente tal como es; y viviendo este momento en un estado de total franqueza y apertura, pasáis entonces al momento siguiente, permaneciendo en el mismo estado. Cuando se vive en el momento, se está completamente aquí — el momento próximo no os importa en absoluto, jamás entra en vuestra mente. Así, no os preocupáis por nada, no tenéis miedos o ideas preconcebidas. Similarmente, al continuar con el momento siguiente, os deshacéis del momento previo. El pasado ya no os interesa; lo olvidáis. Nada puede ataros — sois por siempre libres. Para poder amar verdaderamente, necesitáis ser libres de todo. Pero al mismo tiempo, si habéis de ser completamente libres, debéis tener amor adentro. Si estáis llenos de ira, miedo o celos, seréis esclavos de esas emociones. Cualquier cosa que penséis, hagáis o digáis estará teñida con la negatividad que lleváis en vuestro interior. ¿Cómo podéis ser libres cuando estáis ligados a las penas del pasado y a las preocupaciones del futuro? Si, en nombre de la libertad, tratáis de escapar del mundo, a una cueva en los Himalayas, o a algún lugar solitario, sólo os causará problemas. Vuestra mente pronto se sentirá sola — y, ¿qué ocurre cuando estáis dominados por la soledad? Languidecéis y empezáis a soñar y a agitaros en vuestra mente. Sólo cuando aprendemos a amar a todos y a todas las cosas podemos verdaderamente ser libres. Sólo entonces llegará a su fin la noche de la ignorancia y comenzará el día de la Realización suprema.

"Amma ha oído una historia. Una vez un maestro espiritual les preguntó a sus discípulos: '¿Cómo sabéis cuándo la noche ha terminado y el día ha comenzado?' Un discípulo respondió: 'Cuando se puede ver a una persona a la distancia y se puede decir si es hombre o mujer.' Pero el maestro sacudió su cabeza ante la respuesta. Otro aspirante dijo: 'Cuando se puede ver un árbol a la distancia y se puede decir si es un árbol de mangos o un manzano.' Pero esta respuesta también era incorrecta. Los discípulos estaban curiosos y le pidieron al maestro que los iluminara dándoles la respuesta correcta. El maestro sonrió y dijo: 'Cuando se ve un hermano en cada hombre, y una hermana en cada mujer, entonces la noche ha terminado y el día ha empezado. Hasta ese momento, aunque el sol ilumine la tierra en pleno mediodía, es de noche todavía y estáis en la oscuridad.'

"Hijos míos, ésta es una buena historia para recordar. Sólo cuando aprendáis a amar a todos por igual surgirá la verdadera libertad. Hasta entonces, estáis atados; sois esclavos de vuestra mente y de vuestro ego.

"Así que, para ser libres tenéis que amar. Pero también, para poder amar desinteresadamente debéis ser libres de todo lo que os esclaviza, tanto físicamente como mentalmente."

Vivid de acuerdo a vuestro propio dharma

Un devoto hizo una pregunta.

"Amma, nosotros somos gente de familia que tenemos que trabajar en el mundo para ganarnos la vida y para proteger nuestras familias. ¿Debemos elegir algún campo de acción en particular para experimentar este amor y esta libertad?"

La Madre: "Hijos, seguid donde estáis y cumplid con vuestro deber con amor y dedicación. Si estáis casados y establecidos en el mundo, no escapéis, abandonando vuestro trabajo y vuestras responsabilidades como esposo o esposa, y como padre o madre. No penséis que Dios va a aceptaros solamente si renunciáis a todas vuestras obligaciones y usáis ropas color naranja. No, no es así. Continuad usando las mismas ropas, cumplid con vuestros deberes, quedaos en casa y haced vuestro trabajo. Pero al mismo tiempo, aprended a vivir dentro de vuestro verdadero Yo. Éste es el arte más importante que debemos aprender. Aprendemos todo lo demás pero nunca esto: el arte de estar en nuestro propio Ser superior.

"Deberíamos procurar vivir de acuerdo a nuestro propio *dharma*. Nunca deberíamos intentar adoptar el *dharma* de otra persona, porque eso sería tan peligroso como lo sería que un dentista se pusiera a actuar como cardiólogo y tratara a alguien que sufre de una afección al corazón. Sería peligroso tanto para él como para sus pacientes si intentara hacer algo para lo cual no está calificado. De más está decir que el dentista debe ajustarse a su propio trabajo. Suficiente tiene para hacer en su propio campo.

Llevando a cabo cada acción con diligencia y con una actitud de amor, dedicación y auto-entrega, él puede alcanzar la perfección."

Un devoto comentó: "En el *Srimad Bhagavad Gita* está escrito: 'Es mejor morir cumpliendo con el propio deber; el deber de otro está lleno de peligros.'" (Capítulo III-35.)

La Madre sonrió y continuó: "No se puede vivir sin estar activo de alguna manera, ya sea físicamente, mentalmente o intelectualmente. Todos están constantemente ocupados en alguna forma de acción; ésta es una ley invariable de la naturaleza. Nadie se hace puro e inegoísta de la noche a la mañana; lleva tiempo y esfuerzo concentrado, junto con una tremenda paciencia y un tremendo amor. Realizad vuestras acciones en el mundo, sin olvidar que vuestra meta final en la vida es deshaceros de toda atadura y limitación. Recordad siempre que tenéis una meta más elevada que alcanzar. Simplemente haced lo que se necesita hacer; pero al mismo tiempo, no perdáis las oportunidades que se os presentan para llevar a cabo acciones inegoístas. Gradualmente ganaréis entonces pureza mental y devoción. Mientras proseguís con diligencia, obtendréis mayor claridad mental y un entendimiento más profundo. Esto finalmente os conducirá al estado de perfección, el estado de Auto-Realización.

"Cualquier acción ejecutada con la actitud correcta, el entendimiento correcto y el discernimiento correcto os acercará a la liberación. Sin embargo, si la misma acción es llevada a cabo sin la actitud correcta, os atará. Una acción puede bien servir como purificadora, lo que finalmente os ayudará a realizar vuestra naturaleza divina, o bien puede añadir más y más a la ya existente cantidad de negatividad, que eventualmente os causará tremendo sufrimiento.

"Siempre que estéis haciendo algo, tratad de ser conscientes. Si estáis constantemente vigilantes, lentamente comenzaréis a notar la carga innecesaria de pensamientos negativos que transportáis.

El estado de alerta os ayuda a libraros de todas vuestras cargas y a ser libres.

"Nada debería ocurrir sin vuestro conocimiento. Ni siquiera un solo pensamiento debe pasar por vuestra mente sin que vosotros seáis conscientes de él. Observad la mente de cerca, y reconoced sus diferentes estados. Al observar conscientemente, claramente veréis lo que está sucediendo dentro vuestro. Si sois vigilantes, cuando el enojo comienza a aparecer, no puede pasar inadvertido para vosotros. Pero la mera observación no es suficiente. Tratad de encontrar la causa raíz de un estado de ánimo tal como el enojo."

Como rastrear y eliminar el enojo

Pregunta: "Amma, ¿cómo se rastrea la causa del enojo y cómo se elimina?"

La Madre: "Algo ha causado ese enojo; debe haber una causa raíz que lo produce. Esa causa es invisible. Tú tienes que buscar esa raíz invisible dentro de ti. La ira está en la superficie, razón por la cual tú puedes verla mediante la introspección minuciosa. Pero ahora tienes que encontrar la causa raíz que yace oculta en tu subconsciente, muy profundo por debajo de la superficie de la mente. Sólo eliminado esa causa puedes destruir el enojo que está creando toda la turbulencia en la superficie.

"La ira en la superficie de la mente puede compararse con un árbol. La causa de la ira es como la raíz del árbol, que yace oculta debajo del suelo y que no se ve. Toda la fuerza del árbol proviene de la raíz. Si quieres destruir el árbol, tú sólo tienes que arrancarlo de raíz. Una vez que la raíz sea destruida, el árbol automáticamente morirá. De un modo similar, una vez que tú te percatas de la negatividad en tu interior, deberías practicar la introspección y buscar la raíz de la negatividad. Así como el árbol existe gracias a la raíz, la negatividad dentro tuyo, cualquiera que sea, existe debido a su poderosa causa escondida en lo profundo de la mente. Investiga y encuentra esa raíz. Cuando descubres la causa que hay detrás de la negatividad, ésta desaparece, para no volver nunca más. Esto es posible solamente estando alerta y vigilante.

"Cuando estás alerta y vigilante, no puedes moverte en la dirección equivocada, ni tampoco puedes hacer nada incorrecto. La vigilancia constante te hace tan puro, que al final, tú mismo te conviertes en la propia personificación de la pureza — y ése es tu verdadero ser. Una vez que alcanzas este elevado estado, el más elevado, todas tus intenciones, todas tus palabras, y todas tus acciones se tornan puras. La carga de la impureza desaparece. La luz de la pureza es todo lo que existe. Entonces percibes todo como conciencia pura. Esto significa que ves todo igual. Las apariencias externas ya no son significativas, pues tú has desarrollado la capacidad de penetrar profundamente en todo y de ver a través de todo. La materia, que es siempre cambiante, pierde su importancia. Dentro de todas las cosas tú ves únicamente el *Atman* (Ser superior) inmutable."

La Madre cerró sus ojos y empezó a cantar

Santamoyi Orukatte

Que el Río de Vida se deslice alegremente
Para por fin fundirse
Con el Infinito Océano de Silencio,
Y así ser uno con el
Océano de *Sat-Chit-Ananda.*

El agua del mar se evapora
Agrupándose en grandes nubes,
Que otra vez caen como lluvia
Para convertirse en ríos torrentosos,
Presurosos, apurándose para vaciarse en el océano.

Nuestras experiencias, aunque son variadas,
Tienen un propósito en el juego divino,
Nuestra Vida, recorriendo caminos sinuosos,
Está incitada por un anhelo
De perderse y realizarse
En el Gran Más Allá, en lo Divino.

El Río de Vida sigue así fluyendo,
Profundizando su experiencia y sabiduría:
Que se deslice suavemente, sin obstáculos,
Para la cita final con su Señor.

La Madre es la personificación de la pureza suprema y del amor supremo. En su presencia la purificación acontece sin esfuerzo. En esa pureza, se refleja todo el universo y se experimenta la energía cósmica. A esta luz suprema, pureza suprema, y amor supremo, nosotros podemos ofrecernos, y seremos así purificados. La Madre acepta con felicidad nuestra impureza a cambio de la pureza y el amor que Ella nos concede. Acercaos a Ella con esta oración: "¡Oh, Madre, aquí está tu hijo! Yo no puedo ofrecerte nada más que mi impureza. Oh, gran Dadora de todo, recibe mi vida. Purifícame, y permite que yo sea tu instrumento puro, para siempre."

Pregúntate a ti misma: ¿por qué no puedo simplemente sonreír y ser feliz?

Una devota norteamericana le dijo a la Madre: "Madre, mi pasado me está molestando terriblemente. ¿No hay ninguna manera de escapar? Usted me dice que sonría pero yo no puedo sonreír. Me siento tan tensa y asustada. ¿Qué puedo hacer para superar esto y empezar a sonreír, como Usted me dice que haga?"

La Madre respondió: "Hija mía, mientras continúes llevando la carga de tu pasado, tú no puedes sonreír genuinamente. Tienes que preguntarte a ti misma: '¿Por qué estoy triste? ¿Por qué no puedo simplemente sonreír y ser feliz?' "Mira la belleza y la perfección de la Naturaleza. Todas las cosas en la Naturaleza son tan gozosas, aunque no tienen la inteligencia de los seres humanos. Toda la creación está regocijándose. Las flores más hermosas son cortadas por la gente — arrancadas en sus tallos. Algunas se utilizan para hacer guirnaldas, mientras que otras son pisoteadas. Una flor tiene un período de vida tan corto, y no obstante, se ofrece de todo corazón a los demás; ofrece incluso su propio néctar a las abejas — y aun así es feliz. Las estrellas están centellando en el cielo, los ríos se deslizan gozosamente, las ramas de los árboles bailan al viento, y las aves irrumpen con sus cantos. Tú deberías preguntarte: '¿Por qué, entonces, yo me siento tan miserable viviendo en medio de toda esta gozosa celebración?'

"Haz la pregunta: '¿por qué?' repetidamente, y encontrarás la respuesta. La respuesta es que las flores, las estrellas, los ríos, los árboles, y los pájaros no tienen ego; y, siendo sin ego, nada puede lastimarlos. Cuando no se tiene ego, sólo se puede regocijar. Aun las ocasiones que normalmente serían dolorosas, se transforman en momentos de alegría.

"Pero, desafortunadamente, tú tienes ego, y has sido herida muchas veces por la gente. Hay una montaña de sentimientos heridos dentro de ti. Tu individualidad ha sido lastimada, tu ego ha sido lastimado. Todas esas heridas están en malas condiciones: segregan sangre y pus. Es sorprendente que tú elijas vivir en ese estado sin encontrar una cura efectiva.

"Como se mencionara anteriormente, la mejor cura es observar de cerca a la mente. Esto sacará a la luz la causa oculta de tu sufrimiento. El ego es la causa, la raíz invisible. El ego, invisible pero poderoso, necesita ser expuesto. Con sólo ser expuesto el ego desaparece, diciendo: 'No tengo nada que hacer aquí, así que adiós — nunca volveré a verte.' No dirá: 'Hasta luego.' Exponer al ego es lo mismo que destruirlo; es como descubrir a un ladrón en su escondrijo.

"Deshazte de todas las penas del pasado y relájate. La relajación te ayudará a adquirir más fuerza y vitalidad. La relajación es una técnica con la que puedes tener un vislumbre de tu naturaleza real, el origen de tu existencia, que es de poder infinito. Aprende a estar relajada durante los momentos de tensión y fatiga nerviosa. Aprende a hacerte a un lado y observar los pensamientos negativos, los sentimientos heridos y la agonía mental por la que estés pasando. Al mismo tiempo, no cooperes ni te involucres con la tensión y la agonía. Una vez que aprendas esta técnica, te darás cuenta que la tensión, las cargas, y la negatividad que estás soportando pertenecen a la mente; ellas no son del Ser superior interior, tu verdadero ser.

"Puede que no experimentes relajación total al principio, puede que tan sólo logres una pizca de ella en el comienzo; pero una vez que le tomes el gusto, te vas a sentir interesada. Es una experiencia maravillosa en la que uno se deleita; se la quiere tener una y otra vez, en cantidades crecientes. Al aprender la técnica para entrar en ese estado, uno se vuelve inmensamente deseoso de permanecer en ese estado, porque por un momento se puede olvidar todo; por unos segundos se ha experimentado verdadera paz y gozo, y uno no puede soltarse de esos preciosos momentos. Además, el estado de vigilia vibrante que se experimenta después de ese momento de relajación es indescriptible. Uno siente una sed insaciable de volver a ese estado.

"Recuerda: la relajación da la fuerza y la energía para afrontar los desafíos que esperan en el futuro. Sólo está en paz y, al mismo tiempo, sé vigilante."

La Madre pidió a los *brahmacharis* que cantasen un *bhajan*.
Ellos cantaron juntos:

Anantamayi Patarunnor

¡El vasto y expansivo cielo
El Ser interior
Vibrante de entusiasmo
Despierta!
¡Oh, Madre!
Diosa Ambika, Virgen Eterna,
Infinita, Bienaventurada e Inmaculada...

¡Nunca — Oh, nunca vuelvas a permitir
Que este suplicante
Sucumba a la tentación!
Mientras pasan los días
El dolor de mi corazón crece;
Oh, Diosa de mi corazón,
¿No te percatas de ello?

¿No tengo yo una Madre?
¿No hay ninguna Madre para mí?
Dime, Oh, Bienaventurada
Dime...
Yo no busco bienaventuranza ni ninguna otra cosa
Dame sólo amor puro y devoción.

Vigilancia y shraddha

Cuando la canción llegó a su fin, todos se quedaron sentados en silencio durante algún tiempo hasta que alguien hizo otra pregunta.

"Amma, ¿es lo mismo vigilancia que *shraddha*?"

La Madre: "Hijos míos, toda la espiritualidad puede ser expresada en una palabra, y ésa es *'shraddha.' Shraddha* es la fe incondicional que el discípulo tiene en las palabras de su maestro o en las afirmaciones de las Escrituras. Las palabras del maestro están en pleno acuerdo con las palabras de las Escrituras. En realidad, las palabras de un verdadero maestro son en verdad las Escrituras. Un discípulo que está dotado de una fe así estará constantemente vigilando a su mente y a sus pensamientos. De manera que en ese sentido *shraddha* es también vigilancia. El significado de *shraddha* es estar constantemente consciente. Pero esto es posible únicamente cuando uno está relajado. Una persona tensa, agitada, que está pensando constantemente en sus fracasos en la vida, no puede ser vigilante, ni puede tampoco estar plenamente consciente del momento presente. Es lo mismo con una persona que sólo sigue soñando acerca del futuro. Estas dos tendencias os harán inertes; vosotros perdéis vuestra creatividad y no podéis ser productivos. La relajación, sin embargo, intensificará vuestra conciencia y sacará a la luz vuestro ser real. Sólo una persona relajada puede estar siempre vigilante y consciente.

"Hijos míos, los fracasos están destinados a ocurrir en la vida. Suponed que hemos tropezado y caído. No nos decimos: '¡Muy bien! Ahora que he caído, me quedaré aquí tendido en el suelo por siempre. No voy a levantarme y proseguir hacia mi destino.' Sería ridículo pensar así.

"Un niño que está dando sus primeros pasos se cae innumerables veces antes de poder caminar correctamente. Del mismo modo, los fracasos son una parte natural de la vida. Recordad que cada fracaso llega con el mensaje del éxito. Así como una criatura que está aprendiendo a caminar se cae antes de aprender a andar con pasos firmes, nuestros propios fracasos son el comienzo de nuestro ascenso hacia la victoria final. Así que no hay necesidad de sentirse decepcionado o frustrado. No permanezcáis en la oscuridad. Salid a la luz.

Vosotros sois la luz de Dios

"No pertenecéis a la oscuridad. La oscuridad es una prisión creada por vuestra propia mente y vuestro propio ego; es auto-impuesta y auto-creada. No es vuestra morada real, porque vosotros pertenecéis a la luz. Vosotros sois la luz de Dios. De manera que dejad de ir a la oscuridad. Sed conscientes de que estáis en prisión; reconoced la prisión por lo que es, y comprended que no es vuestro verdadero hogar. Hemos creado nuestra propia prisión y nuestro propio encarcelamiento. Nadie más es responsable ni está involucrado. Observad que la oscuridad es la ausencia de luz. Estamos en la oscuridad pero desafortunadamente pensamos que estamos en la luz. El pensar es el problema. Estamos totalmente identificados con el proceso de pensar.

"En nuestro estado mental actual, a pesar de que estamos en la oscuridad y esclavizados por el ego auto-creado, creemos que somos libres y que estamos en la luz. Confundimos la oscuridad con la luz, y la esclavitud con la libertad. Es una cuestión de reconocer el cautiverio por lo que éste es. No entendemos que estamos encadenados, porque hemos estado en cadenas, en la oscuridad, por un tiempo muy largo. Las cadenas que nos atan son como adornos para nosotros, y la prisión se ha convertido casi como nuestro hogar. Lo que consideramos como embellecimientos — fama, poder, riquezas — son, en realidad, las cadenas que nos atan. Debido a este concepto equivocado, la aflicción y la tristeza se han convertido en parte de nuestras vidas, y ésta es la razón por la cual no podemos sonreír de todo corazón. Pero la verdad es lo opuesto. Somos la luz de lo Divino, y la bienaventuranza es nuestro patrimonio. Somos el *Atman* eternamente libre e infinito.

"Existe en nuestro interior un vago recuerdo de nuestra verdadera naturaleza. A veces este recuerdo se torna un poco más claro. Pero la mayor parte del tiempo no somos conscientes de él, razón por la cual seguimos permaneciendo en cautiverio. Cada vez que este recuerdo se despierta, nosotros luchamos para liberarnos. Esta cadena, sin embargo, es de tal naturaleza que cuanto más nos esforzamos, más nos aprieta. Dejad de luchar, calmaos y relajaos, y descubriréis que sois libres. Volverse conscientes de la esclavitud es suficiente para libraros de su asimiento. Vosotros estáis aferrados a todos los objetos ilusorios creados por la mente. Insensatamente os identificáis con vuestros pensamientos, creando así vuestra propia prisión y quedando de ese modo aprisionados. ¿Cómo libraros? Es muy simple. Tan sólo soltad el apretón y retirad vuestra cooperación — simplemente soltaos.

"¿Sabéis cómo se apresan los monos en algunas partes de la India? Se coloca en el suelo un cántaro de cuello angosto con nueces y otros comestibles que les gustan a los monos dentro de él. Entonces un mono llega para tomar las nueces. Introduce su mano dentro del cántaro y ase las nueces. Ahora bien, dado que su mano está llena, él no puede sacarla del cántaro de cuello angosto. El mono tonto no abre la mano para soltar las nueces que ha cogido, y así es atrapado. Por aferrarse a unas pocas nueces, el pobre mono pierde todo el bosque con todos sus hermosos árboles — la vasta área donde él podría vagar libremente, jugar y disfrutar la vida a sus anchas. Sólo por unas nueces pierde la abundancia de frutas frescas y deliciosas disponibles por todo el bosque. Pierde todo su mundo.

"Los seres humanos son todos muy parecidos. Una persona grita: '¡Liberadme! ¡Quiero ser libre!' Pero, ¿quién la ha encadenado? ¿Qué la ata? Nadie — nada. Ella sólo tiene que dejar de crear todo ese ruido innecesario, dejar de luchar, calmarse y relajarse; entonces verá que es ella, y únicamente ella, quien es responsable de su propio cautiverio. Sólo tiene que soltar las pocas nueces que está apretando, y entonces puede fácilmente sacar su mano del cántaro de cuello angosto del cuerpo, la mente y el intelecto. El hombre puede ser siempre libre. Todo el universo le pertenece."

Consolando a un alma en aflicción

Una devota de Occidente de apariencia muy triste estaba sentada junto a la Madre. La Madre la miró y amorosamente le preguntó qué le estaba perturbando. La mujer miró a la Madre con lágrimas en sus ojos. Parecía que deseaba tener una conversación privada con la Madre. Con una señal de su mano, la Madre les pidió a todos que se retiraran, con excepción de *Bri*. Gayatri para que cumpliera el papel de traductora. La mujer entonces abrió su corazón a la Madre. Ella había tenido dos abortos en el pasado, y estaba constantemente en profunda agonía pensando en ello. La mujer le dijo a la Madre: "Cuanto más trato de olvidar, más fuerte se hace. No puedo perdonarme. ¡Madre, perdóneme por lo que he hecho! Ayúdeme a olvidar y a tener paz."

La Madre la miró con gran compasión y acarició suavemente su pecho. La consoló diciendo: "Hija mía, no pienses que lo que has hecho es un gran pecado. Era tanto tu *karma* como el de los dos bebés pasar por esa experiencia. Los fetos estaban destinados a vivir solamente ese corto tiempo. Ahora que has encontrado a Amma deberías olvidarte de ello. No reacciones al pasado. Hay fuerza y agresión implícitas en la reacción. La reacción crea más turbulencia en la mente y el mismo pensamiento que estás tratando de olvidar surgirá con mucha más fuerza. Reaccionar es luchar. El luchar contra las heridas del pasado sólo profundizará esas heridas. La relajación es el método que cura las heridas de la mente, no la reacción.

"El mero hecho de haber comprendido tu error te ha liberado de él. Tú ya has sido perdonada. El dolor que has sufrido es más que suficiente para lavar el pecado. Cualquier pecado se lava con las lágrimas del arrepentimiento. Hija mía, Amma sabe que tú has sufrido mucho. De ahora en adelante tú no debes llevar esta carga en tu mente. Tú tienes a Amma para que cuide de ti. Olvídalo y queda en paz."

Esas palabras nectáreas de la Madre hicieron que la mujer rompiese a llorar. La Madre puso suavemente sus brazos alrededor de la mujer y la llevó hacia su regazo. La mujer apoyó su cabeza sobre el regazo de la Madre y continuó llorando. Mientras la Madre acariciaba el cabello de la mujer, Ella le dijo a Gayatri: "¡Pobre mujer! Cometió esos actos por ignorancia. En aquel entonces ella debía haberse encontrado en circunstancias muy difíciles, lo que motivó que destruyera a las criaturas. Su sentimiento de culpa la ha atormentado durante todos estos años."

Algunos *brahmacharis* se habían quedado a una corta distancia, incapaces de apartarse completamente de la presencia de la Madre. La Madre los volvió a llamar, y todos ellos vinieron y se sentaron frente a Ella. La mujer seguía descansando su cabeza sobre el regazo de la Madre mientras la Madre hablaba y Gayatri seguía traduciendo.

Nadie debería ser castigado eternamente

"Cualquiera sea la gravedad de la equivocación que se haya cometido, una vez que se comprende el error y que uno se siente arrepentido, uno necesita ser perdonado. Esto no significa que alguien puede cometer un error conscientemente y pensar que estará libre de castigo, si sólo se arrepiente después. No, ése no es el caso. Tanto como sea posible, debemos evitar cometer errores. Como seres humanos mortales, estamos destinados a cometer equivocaciones, a veces por ignorancia, otras veces debido a la presión de las circunstancias. Como lección, una cierta cantidad de castigo puede ser necesaria, dependiendo de la seriedad del error. El castigo es definitivamente necesario si una persona conscientemente comete y comete los mismos errores una y otra vez. Sin embargo, nadie debería tener que sufrir por siempre; ningún alma debería ser castigada eternamente por unos pocos errores que ha cometido o que ha intentado cometer. Hay algunas personas que sinceramente se arrepienten de sus pecados. Ellos se dan cuenta de lo que han hecho y desean cambiar. A ellos se les debería dar toda oportunidad de volver a empezar con una nueva perspectiva de la vida. Se les debe perdonar; se debería crear a su alrededor un medio ambiente propicio y lleno de amor, de manera que puedan olvidar y soltar el pasado, y vivir vidas plenamente productivas. Ellos necesitan vuestro amor y vuestra compasión. Sonreídles de corazón y habladles amorosamente. Que vuestras palabras de aliento y vuestra sonrisa lleguen a sus corazones y curen sus heridas. Si podéis conmoverlos con vuestro amor y vuestra compasión, ellos podrán liberarse de las sombras de su pasado. Debido a vuestra compasión ellos sentirán que son amados; comenzarán a relajarse y a estar en paz con ellos mismos. Nunca los rechacéis ni los llaméis pecadores; pues, en ese caso, no sólo ellos, sino todos nosotros somos pecadores, porque todos hemos cometido el gran error de olvidarnos de nuestra verdadera naturaleza, nuestra existencia en Dios. Ningún error puede ser mayor que ése, por el cual todos podríamos ser castigados. Pero Dios es todo-compasivo y todo lo perdona. Dios nos ha perdonado. Amma no cree que Dios vaya a permitir que alma alguna sufra para siempre. Si lo hiciera, Él no sería Dios."

Con la mujer todavía reposando en su regazo, la Madre empezó a cantar:

Amme Yi Jivende

Oh, Madre del Universo,
No hay nadie sino Tú
Quien pueda secar las lágrimas de mi rostro
Y liberar mi alma.
Al alcanzar Tus pies,
Esta alma se realiza.

¡Ay-ay-ay!
Incluso ahora, esta mente está sumergida en la aflicción
Porque se ha extraviado en Maya
Antes de alcanzar la meta.
Por favor, bendíceme
Para que yo pueda por siempre
Abrazarte fuertemente
Con pura devoción.

En este terrible océano de nacimiento y muerte
Tus pies de loto son el único refugio.
¿No vendrás
A derramar un poco de néctar de amor
Sobre mi alma ardiente?

Este pequeño niño pasa cada momento
Meditando en Tu forma;
Por favor, no me hagas esperar más;
Llévame cerca de Ti
Concede paz interior
A esta alma torturada.

Al final de la canción, la Madre tiernamente hizo que la mujer se
sentara. La mujer se veía como si una pesada carga le hubiese sido
quitada de encima. Su rostro estaba más brillante y sonreía con

felicidad a la Madre. Dejando escapar un profundo suspiro dijo: "Ah, Madre, siento tanta paz ahora. Tú has traído luz al oscuro recinto de mi corazón. ¡Muchas gracias!"

La Madre se puso de pie, le dio otro abrazo a la mujer, y se alejó caminando hacia el borde del canal comunicante con el mar.

Capítulo 6

El respeto sin amor crea temor

La Madre estaba sentada en el patio de la cocina vieja, en medio de las *brahmacharinis* y de las devotas de familia, cortando vegetales. Presintiendo que la Madre estaba allí, algunas *brahmacharinis* más llegaron en unos minutos. Mientras se procedía al cortado de los vegetales, la Madre notó cómo una de las muchachas estaba pelando demasiado de la piel de un pepino. La Madre dijo: "Hija mía, ¿por qué quitas tanta cáscara? No malgastes nada innecesariamente. Sólo una persona que no tiene *shraddha* desperdicia las cosas. Cualesquiera acciones que realice un buscador espiritual deben ser muy bien pensadas. Deberíamos poder transmitir a nuestras acciones el silencio y la quietud que ganamos a través de nuestra meditación. En realidad, la meditación nos ayuda a comprender más profundamente todos los aspectos de nuestras acciones. Una vez que se alcanza esta profundidad, uno no malgasta nada innecesariamente. Pelando demasiado de la piel del pepino estás también quitando algo de la parte comestible. Esto significa que estás negándoles el beneficio de ello a todos en el ashram, al igual que a otros, incluyendo aquellos que están muriendo de hambre y que realmente se beneficiarían con ello. Una persona que ha ganado una cierta cantidad de silencio interior y quietud por medio de la meditación y otras practicas espirituales jamás hace esas cosas."

La Madre hizo una pausa y alguien le preguntó:

"Amma, una vez le oí decir a Usted que un discípulo debe sentir tanto amor como respeto por el maestro. Usted también dijo que si hay solamente respeto, entonces habrá miedo. ¿Podría Usted por favor explicar esto?"

La Madre: "Cuando existe únicamente respeto y no hay amor, necesariamente habrá miedo. Hay un aspecto de miedo en el respeto. El maestro de escuela le pide al alumno que aprenda un poema de memoria antes de venir a clase el día siguiente. El pobre estudiante no está interesado en la poesía. Él preferiría jugar algún deporte y mirar la televisión. El estudiante respeta a su maestro, pero no lo ama. Él siente que el maestro lo está forzando a hacer algo que a él no le gusta. No se atreve a decirle no a su maestro, porque lo teme y también a sus padres, y al castigo que puede recibir si no obedece. Así que repite el poema varias veces y lo aprende. Esto no es realmente aprender. No es posible aprender realmente mientras se tiene miedo. Esta forma de aprender nunca ayudará al alumno a obtener ningún verdadero conocimiento, porque no lo hace con el corazón. Por respeto y miedo a su maestro, el estudiante aprende como un loro sin absorber el significado. Pero el corazón del estudiante está cerrado. El miedo cierra el corazón y lo más probable es que el estudiante olvide lo que ha aprendido. Sólo si el corazón está abierto, puede realmente aprender. De lo contrario, el proceso de aprender y todas sus acciones serán mecánicas.

"Uno alimenta una computadora con información y la guarda ahí. Siempre que se quiere utilizar esta información, simplemente se presionan ciertas teclas y ésta aparece ante uno. Pero, si se llega a apretar la tecla equivocada por error, ¡se acabó! — todos los datos que se habían guardado desaparecen. La pantalla queda vacía.

"La computadora sólo puede obedecer cualquier orden que se le da. La computadora no es inteligente y no puede sentir nada, porque sólo es una máquina inventada por el intelecto humano.

"Un ser humano se puede volver casi como una computadora que se mueve y respira, si no tiene un corazón compasivo y amoroso. El respeto desprovisto de amor y que está basado en el miedo cierra el corazón y os convierte en máquinas humanas. Si vosotros obedecéis a vuestros maestros o a vuestros padres sólo por miedo y respeto, no es más que alimentar a una computadora con información. Puede quedar vacía en cualquier momento, porque no hay amor para sostenerla y mantenerla. "El otro día vino una familia a ver a Amma. Tenían un hijo de siete años. Él estaba sentado en la falda de Amma, y sólo para hacerlo feliz y para hacerlo hablar, Amma le hizo varias preguntas: su nombre, en qué grado estaba, acerca de sus amigos, qué juegos le gustaban, etc. Cada vez que iba a contestar una pregunta, el muchacho miraba primero a su padre, como si le pidiera permiso para hablar. El niño respondía cada pregunta únicamente después de haber recibido el consentimiento de su padre. Cuando Amma le preguntó cuál era su nombre, inmediatamente miró a su padre. Sólo cuando su padre dijo: 'Dile a Amma tu nombre,' el muchacho se atrevió a decir su nombre. Él temía hablar. A esto no se le puede llamar ni siquiera respeto — es evidente miedo. Si amenazáis a un niño diciendo: 'Obedece, o te castigaré,' no sabéis cuánto daño estáis haciendo. El niño se queda en silencio y no puede expresarse. Llevará este miedo dentro de sí toda su vida. Puede que se convierta en un hombre rico, muy educado, con una posición elevada en la sociedad, pero el miedo aún estará allí, muy profundo en su interior, y hará de su vida personal un infierno viviente.

"Crear miedo y respeto para enseñar obediencia no puede llamarse disciplina, que es cómo nos gusta llamarla. La disciplina verdadera y constructiva tiene lugar cuando se permite que florezca el amor. Si el amor está ausente, cualquier clase de reverencia o respeto que haya estarán basados en el miedo. Una relación amorosa, sin embargo, abrirá vuestro corazón y os permitirá expresaros plenamente de cualquier modo que elijáis. El amor os acerca, y en esa cercanía no hay falta de disciplina en absoluto. De ese amor, que llega del correcto entendimiento, nacerá un respeto natural y genuino. En otras palabras, una vez que se establece un fuerte lazo de amor entre el maestro y el estudiante, o entre padres e hijos, el disciplinar se torna fácil, sin causar sentimientos heridos en el que es disciplinado. Esta amorosa proximidad, este encuentro de corazones, es de vital importancia en la relación entre padres e hijos, o maestro y alumno. Pero para que se produzca esta cercanía, uno debe ser paciente y clemente.

"Hijos míos, puede que hayáis oído acerca de la relación entre gurú y discípulo que había hace mucho tiempo. Estudiantes de todas las distintas castas y todos los distintos antecedentes solían llegar y quedarse en la *gurúkula*. El período de educación duraba por lo menos doce años. El sistema era completamente diferente en esos días. No era para nada como las escuelas y los colegios modernos. En la actualidad, los estudiantes no pueden estudiar sin tomar notas y sin mirar a sus libros. Durante la clase los alumnos apenas si alguna vez miran el rostro del maestro; ellos escriben notas, sentándose encorvados sobre sus libros, o sueñan despiertos mirando por la ventana. Ellos no miran la cara del maestro porque no les gusta su cara. Los estudiantes sienten resentimiento hacia su maestro. En apariencia, puede que sean respetuosos con él, pero en lo profundo de sus corazones le guardan rencor. El respeto sin amor usualmente surge del miedo, que, a su vez, puede culminar en enojo e incluso odio.

"La mayoría de los niños tienen algo de resentimiento hacia sus padres y maestros, porque ellos son controlados por éstos. Ellos sienten que los adultos están tratando de imponer sus propias ideas sobre ellos. Mientras un joven depende todavía de sus padres y maestros, él no está en posición de expresar su ira. Algunos niños, por supuesto, explotan y causan problemas, pero la mayoría de ellos se quedan callados durante su período de dependencia. Ellos se preocupan instintivamente por su propia seguridad. No obstante, una vez que quedan libres de esta dependencia, a menudo estallan y comienzan a desahogar sus sentimientos. El niño o el estudiante guarda su enojo reprimido en su subconsciente. Durante su período de dependencia puede que él esconda su enojo en una demostración externa de amor y respeto, porque necesita a su padre y a su maestro; él necesita su apoyo material y su educación. Pero una vez que ese período termina, él no puede reprimir más su ira, y ésta sale. Pensamientos tales como: 'Él me controla, él no hizo lo que yo quería, él me castigó y me insultó enfrente de todos,' pueden manifestarse como ira e incluso como odio. Entonces él quiere tomarse revancha. Todo su respeto desaparece, porque el respeto nunca fue real; no estaba basado en amor. Él ahora revela el verdadero rostro escondido detrás de la máscara de respeto: el rostro de la ira. Esto sucede en todas esas relaciones donde el amor y la comprensión están ausentes. Es sólo cuestión de tiempo. La ira sigue ardiendo adentro hasta que llega una situación que produce que la misma surja a llamaradas. Hasta entonces, si el individuo — aquel que está involucrado en cualquier tipo de relación — no cultiva la actitud correcta con el debido amor y el adecuado entendimiento, él estará llevando un volcán oculto en su interior. Ésta es la experiencia de cientos de miles de personas. En virtud de su contacto personal con los millones de personas de todos los estilos de vida por todo el mundo que Ella ha conocido, Amma puede aseguraros que esto es verdad. Por cierto, hay excepciones; existe gente que lleva una vida feliz y equilibrada, pero la mayoría entra en la categoría recién mencionada."

La Madre hizo una pausa y le pidió a los *brahmacharis* que cantasen una canción. Ellos cantaron

Amritanandamayi Janani

Madre Amritanandamayi
Tú eres la personificación de la misericordia
La compasión, la sabiduría y la bienaventuranza.

Tú eres quien quita todos los obstáculos
La Madre de Vinayaka Ganesha
Oh, Madre
Tú eres la encarnación de la santidad
Y del conocimiento
Tú eres quien otorga el intelecto
Los Vedas son Tu forma
Tú eres conciencia y el puro Atman
Oh, Madre Amritanandamayi.

Amritanandamayi
Tú eres Saraswati, la Diosa del conocimiento
Con el libro y la vina en Tus manos
Tú eres Brahman
Tú eres Mahalakshmi, la Diosa de la riqueza
Parvati, la Diosa del poder
Sankari, la auspiciosa
Y Adi Parashakti, el poder primordial.

Tú eres Vishnumoyi
El poder dinámico de quien sostiene
Y Shiva-Shakti
El Activo y el Pasivo.
Madre del universo
¡Por favor, protégenos!
Aparece ante nosotros en Krishna-Bhava y Devi-Bhava
Oh, Amritanandamayi...

Los ojos de la Madre estaban cerrados. Los *brahmacharis* permanecieron sentados en silencio alrededor de la Madre, mirándola y tratando de absorber el profundo significado de la canción que acababan de cantar. Tras unos minutos la Madre abrió sus ojos y les sonrió a sus hijos. Uno de los *brahmacharis* dijo: "Amma, sea

Usted amable de ilustrarnos con algo más acerca de la relación *gurú-sishya* que existía en las antiguas *gurúkulas.*"

La relación Gurú-sishya en la antigua gurúkula

La Madre: "En las *gurúkulas* de los antiguos *rishis*, donde los discípulos vivían con un maestro, sirviéndolo y estudiando sus lecciones, no había cosa tal como estudiantes tomando notas o estar sentado en la clase con la cabeza hundida en un libro. Los discípulos simplemente se sentaban mirando al maestro cuando éste hablaba. Eso era todo. No existían las notas ni los libros. Cualquier cosa que el maestro decía iba directamente a sus corazones. Esto era posible debido al profundo lazo que había sido forjado entre el maestro y sus discípulos. El maestro disciplinaba a sus discípulos con sabiduría y no por medio de la fuerza o el control; por el contrario, la relación estaba basada en verdadero amor y en comprensión. El maestro en verdad se interesaba por sus discípulos y ellos a su vez mostraban su amor y su respeto con profundo interés por él. No era un respeto que surgía del miedo, sino del amor profundo.

"El maestro abría la puerta de su corazón a sus discípulos. Él los recibía y los aceptaba con todo su corazón y sinceramente, sin ninguna reserva. La franqueza y el inegoísmo del maestro hacían que los discípulos fueran receptivos y humildes en su presencia. Aunque el maestro era un tesoro de conocimiento, también era muy humilde. Él no tenía la actitud de: 'Yo soy el maestro y vosotros sois mis discípulos, así que será mejor que hagáis lo que yo digo, u os castigaré.' Los discípulos tenían la libertad de hacerle al maestro cualquier pregunta si necesitaban aclarar sus dudas. Como el maestro era la personificación del conocimiento, él podía disipar sus dudas tanto a través de la teoría como de la práctica. En las aulas modernas, aun si los estudiantes tienen dudas y preguntas, ellos vacilan en preguntar nada, debido a la falta de amor y de intimidad entre ellos y su maestro. Ni el maestro ni los estudiantes están abiertos suficientemente o deseosos de dar o recibir algún verdadero conocimiento. Tanto el maestro como los estudiantes son arrogantes. A los maestros les resulta difícil aclarar todas las dudas de sus estudiantes, porque ellos mismos nunca absorbieron ningún conocimiento real cuando eran estudiantes. Sus relaciones con sus maestros, de manera similar, sufrían de la misma carencia.

"En la antigua *gurúkula*, el maestro oraba junto con sus discípulos: 'Que *Brahman* nos proteja, que Él nos nutra tanto a vosotros como a mí, que tanto a vosotros como a mí se nos conceda la energía que necesitamos, que este estudio nos ilumine a ambos, y que nunca nos odiemos. *Om shanti, shanti, shanti.*' La plegaria era dedicada tanto al maestro como a los estudiantes, bendiciendo la elevación y el entendimiento de cada uno — no es que el maestro necesitara nada de parte de los discípulos — era tan sólo un magnífico ejemplo de su humildad.

"El maestro estaba siempre en un estado de devoción. Vosotros sabéis, hijos míos, una persona que está constantemente en un estado de plegaria no puede ser egotista. Ella es humilde en toda circunstancia. En aquellos días, la humildad, el amor y la paciencia eran los factores que hacían que las vidas de las personas fueran hermosas y plenas. Aun cuando el maestro estuviera completamente iluminado y lo supiera todo, todavía era humilde enfrente de los discípulos.

"Nadie puede sentir egotismo frente a un alma genuinamente humilde. De modo que los discípulos que llegaban para estudiar con un maestro así, aunque no estuviesen libres de ego, terminaban siendo humildes y obedientes en su presencia. En aquellos días, príncipes reales, hijos de nobles, y estudiantes que pertenecían a todas las diferentes clases sociales llegaban a la *gurúkula* del maestro. Pero para el maestro ellos eran todos iguales. Vivían juntos, comían y dormían juntos, y a todos se les enseñaban las mismas lecciones. Ellos tenían que realizar trabajos físicos, incluyendo el cuidado de las vacas del maestro, el buscar leña del bosque, la atención de los cultivos, y así sucesivamente. No obstante, había un tremendo amor entre el maestro y sus discípulos. No había ni una pizca de enojo o resentimiento.

"Cuando hay todo ese amor, el corazón está completamente abierto, como el de un niño. Era esta apertura, nacida del amor, que ayudaba a los discípulos a aprender simplemente escuchando al maestro y mirando su rostro. Ellos nunca necesitaban tomar notas o usar un libro de texto, ni tampoco tenían que repetir cien veces un poema o un ensayo para aprenderlo. Ellos escuchaban al maestro una vez, y eso era suficiente: luego lo recordaban hasta el fin de sus vidas. Nunca olvidaban lo que habían aprendido mientras observaban el rostro de su bienamado maestro. Uno escucha realmente sólo cuando hay amor.

"Cuando el maestro hablaba era el amor el que hablaba; y en el otro extremo, el receptor, sólo el amor absorbía lo que escuchaba. Debido a su amor por el maestro, el corazón de cada uno de los discípulos era como un campo fértil, listo para recibir el conocimiento que el maestro impartía. El amor daba y el amor recibía. El amor los hacía abrirse uno al otro. El verdadero dar y recibir tiene lugar donde el amor está presente. El escuchar real y *shraddha* son posibles únicamente donde hay amor, de lo contrario el oyente estará cerrado. Si uno está cerrado, uno queda fácilmente dominado por la ira (el pasado) y el resentimiento, y nada puede entrar allí."

El sistema educacional moderno y el estilo antiguo de un verdadero Maestro

Pregunta: "¿Cuál es el problema con el sistema educacional moderno?"

La Madre: "En el sistema educacional moderno esta apertura está ausente. Tanto el maestro como el alumno están cerrados uno al otro. No hay un compartir, y no hay amor; sólo hay resentimiento. Los maestros no son humildes, y muchos son arrogantes. Ellos quieren controlar a sus estudiantes y forzar sus propias ideas sobre ellos. Si los estudiantes no escuchan, los maestros se enojan y quieren castigarlos. En virtud de su forma poco inteligente de acercarse a los alumnos, los maestros de las escuelas modernas y colegios modernos cierran toda posibilidad de establecer una relación amorosa con los estudiantes, y de poder ayudarlos así a sumergirse en las profundidades del verdadero conocimiento. Una de las razones más importantes de la degeneración del sistema educacional es la ausencia de un lazo de amor, de una relación positiva que pueda acercar uno al otro al maestro y al alumno. Sólo una corriente de genuino amor y genuina aceptación por parte de ambos podría hacerlos comprenderse, lo que a su vez abriría las puertas entre ellos para que se produzca el verdadero compartir.

"Pero ellos son polos aparte, y esta distancia interior hace que el aprender sea imposible. Sus egos han creado un gran vacío entre ellos. El maestro habla, no con amor, sino con el orgulloso sentimiento de que: 'Yo soy el maestro y tú eres mi alumno. Yo sé todo y tú no sabes nada, así que será mejor que me escuches, o si no...' El estudiante siente este orgullo. Él, también, es orgulloso, y cuando percibe el orgullo de su maestro él piensa: '¿Por qué habría yo de escuchar a este sujeto? ¡No voy a hacerlo!' Su corazón se cierra y ahora existe una gran muralla entre ellos. El maestro sigue hablando pero nada llega al alumno. Físicamente el estudiante está presente en el aula y el maestro está parado apenas a unos metros, pero en realidad, ellos están muy lejos uno del otro. Ambos están cerrados. Cuando habla un corazón cerrado, no sale nada; el conocimiento sólo hace eco dentro del que habla; no puede crear ningún impacto en el otro extremo — un corazón cerrado habla y un corazón cerrado escucha. En otras palabras, no se produce ninguna impartición de conocimiento.

"Todos reclaman atención en la era moderna, porque la atención es alimento para el ego. El ego vive a expensas de la atención. Tanto el maestro como el alumno ansían ardientemente recibir atención, y si no la reciben, sus mentes se llenan de ira y deseos de venganza. Hay incluso ejemplos de estudiantes y maestros que se hieren seriamente.

"La clase de relación maestro-estudiante que tenemos nosotros hoy no puede transformar a una persona ni puede ayudar a nadie a crecer. Ningún conocimiento real florecerá dentro del estudiante de esta manera. Sólo creará sentimientos negativos, tanto en el maestro como en el alumno. Cuando se lleva la carga de heridas sin sanar que han sido causadas por tales incidentes, la vida toda se vuelve una herida, infectada con la pus de intensos sentimientos negativos.

"Hubo un tiempo en que un maestro transformaba a sus discípulos con su mera presencia; o, sería más apropiado decir que la transformación simplemente les ocurría a los discípulos. Tal era el poder de la presencia del maestro.

"El poder que creaba esta transformación era el amor y la compasión que los discípulos experimentaban en presencia de su maestro. Cuando el corazón de alguien se llena de amor y compasión, nuestro propio corazón se abre espontáneamente como una flor. El pequeño capullo cerrado del corazón se despliega en presencia del amor. El maestro no da necesariamente ninguna instrucción como tal, puede que no enseñe verbalmente — el florecimiento sencillamente sucede, tan naturalmente como una flor abre sus pétalos. Esto está destinado a ocurrir en presencia de un verdadero maestro.

"Una flor no necesita instrucciones acerca de cómo abrirse. Ningún profesor de música le enseñó a cantar al ruiseñor. Es espontáneo. No hay fuerza implicada, acontece naturalmente. Del mismo modo, en presencia de un gran maestro, el capullo cerrado del corazón se abre. Uno se torna tan receptivo e inocente como un niño, un niño humilde y obediente del maestro. Él no os enseña nada. Vosotros aprendéis todo sin que os enseñen. Su presencia, su vida misma, es la más grande enseñanza de todas. No se ejerce fuerza ni control; todo sucede natural y fácilmente, sin esfuerzo. Sólo el amor puede crear este milagro.

"En el sistema educacional moderno los estudiantes agotan su energía, porque se les hace repetir incontables veces las lecciones para que las memoricen. La educación se ha convertido en un proceso de disipar energía. Los estudiantes están constantemente bajo gran presión; y el estrés y la tensión que les causan sus padres, especialmente durante períodos de exámenes, es a menudo notable.

"Amma está diciendo que tanto sea espiritual como material la meta que uno tenga, nada puede obtenerse si se ejerce demasiada presión desde todas las direcciones.

"El sistema educacional moderno descansa como un bulto pesado y sobrecargado sobre los hombros del estudiante, y los padres con frecuencia empeoran la situación. Los padres tienen sólo un *mantra* que repiten incesantemente a sus hijos: 'Tienes que estudiar tus lecciones, haz tus deberes y no hagas nada más que estudiar.' Durante la época de exámenes los estudiantes se encuentran bajo gran presión. No están relajados en absoluto.

"Enseñadles el arte de la relajación, cómo estar en paz. Si no se sienten relajados, ¿cómo pueden aprender? Sin relajación, ningún verdadero aprendizaje es posible. Ésta es la primera lección que necesita entenderse claramente. Es muy importante que los padres comprendan esto antes de pedirles a sus hijos que hagan algo. Amma sugiere que ellos lo practiquen en sus propias vidas. Pues, a menos que ellos mismos experimenten la importancia de la relajación, no podrán saber cuán importante es para sus hijos. Las prácticas espirituales, tales como la meditación, la repetición de un *mantra*, y el cantar *bhajans*, son diferentes métodos creados para relajar la mente de manera que uno pueda estar siempre abierto como una flor recién desplegada.

"Los padres no saben el gran daño que les están haciendo a sus hijos con su constante fustigar: '¡Estudiad, estudiad, estudiad!' Cuando ellos arreglan clases particulares para cada una de las materias durante las vacaciones o los fines de semana, los pobres chicos y chicas tienen que correr, literalmente, de un profesor a otro, agotando todas sus energías y colmándose de estrés. Para cuando el joven llega de regreso a casa por la noche, está pálido y exhausto; ni siquiera puede comer su comida con serenidad. En consecuencia, el niño no puede pensar en nada que no sean sus estudios. Él lee y lee, repite indefinidamente y memoriza todo, como si estuviese alimentando información a una computadora. Él sigue y sigue llenándose y sobrecargándose de más datos de los que puede absorber.

"Puede que él, o ella, logre registrar calificaciones elevadas y que pase con distinción, pero para el momento en que el joven termine su educación, será casi como una máquina. Ya no podrá experimentar la vibración ni la belleza ni el amor de la vida, y estará desprovisto de toda verdadera sabiduría. No habrá alegría o risa en su vida. Él está cerrado. Cuando es adulto ya no puede ni siquiera sonreírle a su esposa ni ser divertido con sus propios hijos. Puede que sea famoso y eminente en su terreno de actividad, pero no será exitoso como *ser humano*. El brillo de la vida estará ausente en una persona así. En su hogar siempre será correcto y serio. Ser siempre extremadamente serio, ya sea que parezca que así se debe ser o no, es como una enfermedad.

"Cuando la gente así envejece, sus facultades también se desgastan, debido a los métodos poco inteligentes por medio de los cuales ellos han acumulado su conocimiento. Ellos han reunido información a través de sus intensos estudios, durante los que nunca estuvieron tranquilos, o relajados. En este proceso, ellos han utilizado sin sabiduría sus facultades internas. Nunca permitieron que sus mentes descansaran. Consecuentemente, éstas se recalentaron por el uso excesivo. Ellos las alimentaron sin interrupción; nunca las desconectaron y permitieron que estén quietas durante un tiempo, de modo que pudieran relajar y enfriarse. Nunca cuidaron de sus equipos, y ahora están fundidos."

Como las vibrantes palabras de la Madre llevaban la fragancia de su divina presencia a los corazones de quienes escuchaban, Ella empezó a cantar

Devi Jaganmata

¡Saludos a la Diosa, la Madre del mundo,
La Diosa de la energía suprema!

¡Oh, Virgen Eterna
Que haces penitencia en la costa
Del mar azul de Kanyakumari,
Ven y dame una bendición!

¡Oh, Madre, cuya verdadera naturaleza es luz
Y cuya hermosa forma
Está hecha de sabiduría, verdad, energía
Y bienaventuranza!
¡Om Saludos a la Madre del Universo!

El arte de la relajación

La conversación continuó.

Pregunta: "Amma, Usted estaba hablando de relajación. ¿Podría tener la bondad de ampliar un poco más este punto?"

La Madre: "Sólo a través del estudio relajado puede retenerse el conocimiento. Un estudio emprendido con tensión y exigencia, sin ningún momento de relajación y de descanso para el cuerpo, la mente, o el intelecto, no puede ser exitoso. En realidad, es la relajación la que provee la claridad de visión y la energía necesarias para aprender y retener cualquier verdadero conocimiento. El conocimiento que se gana de esta manera permanece fresco para siempre, independientemente de tu edad. Cualquier aprendizaje que se hace mecánicamente, bajo circunstancias de estrés y de tensión, sin ninguna relajación, no ayudará en el desarrollo general de una persona. Sólo quien ha acumulado conocimiento con una mente apacible puede realmente poner en práctica ese conocimiento y llegar a ser un maestro en ese campo. Otros simplemente transportarán de aquí para allá el peso de su conocimiento dentro de sus cabezas. Ellos llevan consigo una carga de información, de la cual piensan que es un embellecimiento para su personalidad, cuando, en realidad, tiene el efecto contrario, porque desfigura su personalidad en cierta medida.

"Hay cientos de miles de personas por todo el mundo que estudian las distintas ciencias y otros temas. Se pueden ver físicos surgiendo como hongos por todas partes. Hay también millones de médicos e ingenieros alrededor del mundo. Pero, ¿cuántos de ellos realmente benefician al mundo con su conocimiento y sus estudios? ¿Cuántos entre ellos se vuelven verdaderamente grandes en sus campos? Sólo unos pocos. Innumerables personas también aprenden música y pintura, pero ¿cuántos se convierten en artistas o músicos que atraen el alma? Sólo un manojo. Hay personas que tal vez estudiaron en el mismo colegio y con los mismos maestros; sus circunstancias pueden haber sido idénticas. ¿Por qué, entonces, es que sólo unos pocos resultan auténticamente magistrales? "Es porque sólo algunos de ellos aprendieron el arte de la relajación. Sólo unos pocos estuvieron en paz durante sus estudios. El resto simplemente fue atestado de información. Ellos querían calificaciones elevadas, conseguir empleos decentes con buen salario, una hermosa casa, una esposa e hijos — y eso era todo, ése era el fin de sus estudios. Ellos se detuvieron completamente allí y empezaron a preocuparse por otras cosas. La gente así no puede dejar de preocuparse y nunca está en paz. Siempre estarán bajo un montón de presión y se sentirán estresados, porque ellos jamás han aprendido el arte de la relajación.

"Pero una persona que sabe cómo relajarse continúa aprendiendo cosas nuevas. A lo largo de toda su vida, su sed por conocimiento seguirá siempre fresca. Él no siente tensión alguna; está relajado, y por eso continúa reuniendo conocimiento, el que realmente pone en práctica. Él no sólo estudia acerca del espacio, él inventa nuevos métodos, nuevas técnicas y equipos con los cuales explorar el tema. Él no sólo aprende acerca del mundo submarino, él se sumerge en las aguas profundas para descubrir que hay allí. Su curiosidad es inagotable. Aunque tiene una sed insaciable de aprender y de saber, siempre está relajado, y esta actitud relajada le da la fuerza y la vitalidad para absorber más conocimiento y para ponerlo en práctica a través de sus experimentos. La gente así puede sumergirse muy profundo dentro de su propio Ser superior, la Fuente de todo conocimiento, si tienen la fe y la determinación. Esto, eventualmente, los ayudará a realizar su verdadera existencia en el *Atman*.

"Hay poetas, pintores, músicos, y científicos que pasan mucho tiempo en soledad, practicando contemplación y relajación. Ellos se retiran del ruidoso mundo y entran en aislamiento. Sentados allí con una actitud de total relajación, se retiran de sus pensamientos y de sus mentes. A veces se deslizan hacia un estado de trance profundo; y cuando salen de ese estado pueden crear una gran obra maestra. Han habido muchos incidentes así — ¿pero cómo ocurre esto? Es el resultado del profundo silencio que ellos vivencian dentro suyo durante esas experiencias. Cuando la mente está desprovista de pensamientos, cuando no hay perturbaciones, ni agitación alguna, se produce un despertar, y se manifiestan entonces los talentos latentes, las infinitas capacidades de la mente. Al tocar ligeramente las esferas desconocidas del conocimiento divino puro, las revelaciones se manifiestan. Ésta es la grandeza de la relajación interna.

"Entonces, hijos míos, si queréis aprender bien vuestras lecciones, la relajación es el mejor método. Mantendrá vuestro intelecto claro, vuestro poder de memoria se incrementará tremendamente, y no agotaréis vuestra energía repitiendo una lección cien veces para memorizarla. Cuando uno está profundamente relajado, sólo se necesita leer la lección una vez y se sabe para siempre.

"¿Habéis visto alguna vez a los abuelos ancianos repitiendo el texto entero de una Escritura, o un extenso himno en sánscrito, sin mirar el libro ni siquiera una vez? Ellos deben haberlo aprendido cuando eran jóvenes. O bien lo aprendieron de sus padres, o deben haber oído a alguien recitándolo. Lo cantan tan claramente y con tanta precisión, sin cometer ningún error. Aun cuando ya tienen más de noventa años, lo entonan perfectamente. ¡Qué memoria tienen!

"Hace algunos años, cuando Amma visitaba la casa de unos devotos, Ella conoció a la abuela de la familia. Tenía noventa años de edad, se la veía tan lúgubre como un esqueleto y estaba completamente postrada en cama. Su vida se estaba diluyendo pero todavía podía hablar. Como Amma se sentó junto a ella sobre la cama, la hija de la anciana le dijo: 'Madre, abre tus ojos.

¡Mira quién está sentada a tu lado! ¡Es Amma!' La anciana mujer abrió lentamente sus ojos. Esbozando una sonrisa radiante miró a Amma. Mientras la vieja señora yacía mirando el rostro de Amma, su hija le dijo: 'Madre, recita el *Narayaniam* a Amma.' Antes que la hija hubiera terminado la frase, la anciana empezó a repetir las estrofas sánscritas con fluidez, y con absoluta claridad. Siguió entonando durante un largo tiempo sin mostrar ningún signo de cansancio, hasta que, finalmente, su hija tuvo que decirle que se detuviera.

"Hijos, mirad a Acchamma [4]. Ella tiene casi ochenta años, pero todavía se levanta a las cuatro de la mañana, toma un baño de agua fría, repite sus cánticos acostumbrados; y todos los días, sin fallar, hace una guirnalda para que Amma luzca durante *Devi Bhava*.

"En la antigüedad la gente estaba mucho más relajada que ahora. No había ningún apuro. Siempre se las arreglaban para encontrar algún tiempo libre para leer las Escrituras, recitar los versículos de las epopeyas, y cantar las glorias del Señor en una atmósfera apacible y relajada.

"Cada mañana y cada noche, toda la familia se reunía para rezar juntos y cantar los nombres del Señor supremo en la habitación destinada para el altar. Esos momentos de relajación, que ellos encontraban en medio de sus activas vidas cotidianas, les ayudaban a cumplir con sus deberes en el mundo en un estado de ánimo bien equilibrado.

"Mirad el ejemplo recién mencionado, de la mujer anciana que recitaba las estrofas en sánscrito del *Narayaniam*, incluso en su lecho de muerte. ¿Cómo pudo hacer eso? Porque ese himno no le fue dado como si ella fuera una computadora. Ella lo absorbió como un ser humano inteligente, con una mente relajada, libre de tensión, y ella lo amaba. Cualquier cosa que estudiéis, si lo

---

[4] Abuela paterna de la Madre.

hacéis con una actitud relajada, permanecerá fresco en vosotros hasta el día que muráis; mientras que, cualquier cosa que aprendáis en un estado de ánimo tenso y estresado, lo olvidaréis muy pronto. En realidad, no podéis aprender nada sin relajación — no entra en vosotros. Queda en la superficie, y todo lo que está en la superficie de la mente está destinado a ser olvidado. Es como las efímeras olas del mar que vienen y van. Cualquier conocimiento que la mente recibe cuando no está relajada no llega a arraigarse, sino que queda sujeto a cambio y distorsiones. Posteriormente la mente sólo puede proveeros de imágenes imprecisas.

"Hijos míos, aprended a estar relajados en toda circunstancia. No importa qué hagáis ni dónde estéis, relajaos y veréis cuán poderoso es. El arte de la relajación hace que surja el poder que existe dentro de vosotros; por medio de la relajación podéis experimentar vuestras capacidades infinitas. Es el arte de aquietar vuestra mente, y de enfocar todas vuestras energías en la tarea que estéis realizando, no importa qué sea. Así podréis sacar a luz todo vuestro potencial. Una vez que aprendéis este arte, todo sucede espontáneamente y con facilidad. Por ejemplo, queréis memorizar un discurso o un poema; de modo que os sentáis y os relajáis, dejando de lado todo lo demás de vuestra mente, y recorréis el tema sólo una vez — no cien veces mientras descuidáis la comida y el sueño — y ya lo tenéis, de una vez por todas. Permanece con vosotros para siempre. Infinitas capacidades yacen ocultas dentro de la mente humana. En ella se puede alojar el universo entero y todo el conocimiento. Pero no hemos aprendido el arte de aprovechar este infinito poder de la mente."

La Madre dejó de hablar mientras una de las devotas se sintió inspirada para cantar algunos versos del *Uddhava Gita*.[5] Ella lo cantó melodiosamente en el estilo clásico.

---

[5] Capítulo del Srimad Bhagavatam. Es una conversación entre el Señor Krishna y su gran devoto, Uddhava.

Señor, ante tus pies de loto, en los cuales
Meditan fervientemente dentro de sus corazones
Aquellos que buscan la liberación de las poderosas
Redes del trabajo, nosotros nos inclinamos
Con nuestro intelecto, nuestros órganos y poderes vitales,
Nuestra mente y nuestra habla.

Oh, Tú, el invencible, por medio de tu maya que
Consiste en las tres gunas, y que descansa en ellas,
Tú creas, mantienes, y destruyes en ti mismo
Este universo impensable;
Pero estas actividades no te tocan, pues Tú eres
Irrecusable, estando inmerso en la bienaventuranza
Sin obstrucciones del Atman.

¡Oh, Tú, el adorable! ¡Oh, Supremo! Ni la adoración
Mental, ni el estudio de las Escrituras, ni la caridad,
Ni las austeridades, ni el trabajo confieren tanta
Pureza a los hombres de deseos insatisfechos como
La que obtienen los hombres de mentes equilibradas
Mediante una verdadera y exaltada consideración
Por tus glorias, desarrolladas en virtud de
Haber oído sobre ellas.

Cuando la devota terminó el último verso, la Madre la miró afectuosamente y le dijo: "Hija, has cantado bellamente." La mujer estaba complacida y feliz. Dijo: "Es tu Gracia, Amma."

La corriente de las nectáreas palabras de la Madre siguió fluyendo. "Hijos míos, ¿han oído esta historia? Hace mucho tiempo había un emperador que conquistó la India. El Emperador tenía también otra intención: quería llevar a su país los cuatro Vedas en su forma pura y original. El Emperador envió sus mensajeros a diversas partes de la India para averiguar dónde podía conseguir una copia genuina de los Vedas. Finalmente recibió información de que una familia brahmán en el Norte de la India preservaba una copia así. Inmediatamente partió hacia ese lugar del país con todo un batallón de soldados.

"El brahmán, que era cabeza de una familia, era un hombre pobre que vivía con su esposa y con cuatro hijos varones en una pequeña cabaña a las orillas del río Ganges. El Emperador ordenó a sus fuerzas que rodearan la cabaña, tras lo cual entró a la morada y ordenó al brahmán que le entregara los Vedas a él. El brahmán estaba muy calmo. Él respondió: 'Vuestra Alteza, seguramente no hay necesidad de hacer tanto alboroto. ¡Con todo gusto os los daré! Pero dadme un día — sólo un día. Tengo que llevar a cabo una ceremonia muy especial antes que pueda entregároslos.' Cuando vio la mirada sospechosa en el rostro del Emperador, el brahmán continuó: 'No os preocupéis, que vuestro ejército permanezca aquí si deseáis. Que me vigilen. Yo no voy a escapar. Tened la amabilidad de regresar mañana, pues debo realizar este ritual antes de daros los Vedas.'

"El Emperador se marchó, habiendo dejado las instrucciones necesarias a sus tropas. Pero ¡qué vio cuando volvió a la mañana siguiente y entró a la cabaña! Vio al brahmán ofreciendo la última página del cuarto Veda a un fuego de sacrificio, mientras repetía en voz alta los *mantras* de esa página. Sus cuatro hijos estaban sentados a los lados del fuego, con el brahmán al frente. El Emperador se puso furioso. Le gritó al brahmán: '¡Me has traicionado! ¡Te haré decapitar por esto!' El brahmán permaneció muy calmo y respondió: 'Vuestra Alteza, no hay necesidad de enojarse. Por favor, mirad a mis cuatro hijos. Ellos han estado sentados a mi lado toda la noche, escuchando cómo yo recitaba los Vedas, uno por uno. Como habéis visto, acabo de terminar el cuarto y último Veda. No penséis que os he engañado al destruir los Vedas, o que he roto mi promesa. Creedme o no, mis hijos han memorizado los cuatro Vedas, palabra por palabra. Ellos me han escuchado, y pueden repetir toda la Escritura sin omitir ni una sola palabra. Llevad a mis hijos con vos a vuestro país. Ellos pueden impartir el conocimiento en toda su pureza original.' "El Emperador no lo podía creer. Él dijo: '¡Esto es impensable! No confío en ti.' El brahmán entonces pidió a sus hijos que recitaran los Vedas, y para el asombro del Emperador, ellos repitieron hermosamente los cuatro Vedas, sin cometer un solo error. Recuerden, ellos habían estudiado todo en una sola noche. Simplemente escucharon con intensidad y gran amor a su padre mientras él recitaba, y los versos fueron directamente a sus corazones. Así pudieron ellos memorizarlo todo tan espontáneamente.

"Pero vean cómo es hoy. Los estudiantes aprenden algo a base de repetirlo innumerables veces; y aun así, puede que lo olviden más tarde cuando tengan que pararse y recitarlo enfrente de todos en la clase. El problema aquí es el miedo.

"Los magos, los matemáticos, los científicos, los músicos, los pintores y otros desarrollan sólo una porción infinitesimal del poder que es inherente dentro de ellos. Sólo un verdadero maestro, que está establecido en el *Atman*, ha accedido a esa fuente de poder infinito que existe dentro de todos nosotros."

La Madre dejó de hablar y en un repentino cambio de estado de ánimo, su rostro asumió la expresión de una inocente niña. La Madre se dio la vuelta y en tono suplicante le pidió a una de las *brahmacharinis,* que estaba entrenada en el estilo clásico, que cantara la canción:

Nilambuja Nayane

Oh, Madre, con ojos de loto azul
¿No oyes el llanto
De este corazón afligido?
¿Es debido a acciones de alguna vida pasada

Que estoy vagando solo?
He pasado a través de las edades
Antes de nacer otra vez en esta vida.

Por favor llévame cerca tuyo
Con un abrazo maternal;
Déjame acurrucarme en tu regazo
Como un niño;

Oh, Madre, puede que yo no te merezca
Pero, ¿abandonarás a este hijo tuyo por eso?
Ven y estréchame fuertemente
Envuélveme con tu mirada misericordiosa.

La técnica

Tras un corto silencio alguien hizo otra pregunta.
"¿Cómo funciona la técnica de relajación?"
La Madre: "Hijos míos, cuando uno se relaja se olvida de todo. Se crea un espacio y la mente queda vacía. Suponed que estáis sentados en un parque con vuestra amada o vuestro amado junto a vosotros. Muchas cosas diferentes están sucediendo en el parque. La gente se entretiene con chismorreo o hablando de los recientes cambios políticos, los niños están jugando, los jóvenes gritan y se divierten; pero vosotros con vuestro amante, sentados en un rincón mirándoos uno al otro en los ojos, estáis inconscientes de lo que ocurre a vuestro alrededor. Cuando todos los pensamientos son puestos a un lado y uno se olvida de ellos, uno se llena de la dulce fragancia del amor, y al corazón se le permite florecer. En ese momento, todo se detiene — incluso vosotros y vuestro ser bienamado dejan de existir. Sólo hay amor. En ese momento, el ayer y el mañana ya no pueden interferir. Cuando

el pasado y el futuro se disuelven, el amor surge, y sólo a partir del amor puede experimentarse la verdadera relajación.

"De la misma manera, cuando estáis relajados olvidáis todo lo demás; y en ese estado de olvido, si concentráis toda vuestra energía en algo de vuestra elección, todo el tema simplemente entra en vosotros. En ese momento, todo vuestro ser está completamente abierto — cada átomo, cada célula de vuestro cuerpo está tan receptiva que podéis sencillamente tragar la totalidad del tema y digerirlo. "Éste es el método que usaban los *rishis* en la educación de sus discípulos. Ellos hacían que sus discípulos se olvidaran de todo y se relajaran. En esa atmósfera de amor y apertura se olvidan todos los condicionamientos previos.

"Los discípulos que estudiaban en las *gurúkulas* pertenecían a todas las clases de la sociedad. Desde el príncipe real al hijo del hombre más pobre, todos ellos estudiaban en la misma ermita, bajo el mismo maestro. Normalmente, en una situación así, habría cantidad de oportunidades para que ocurran toda clase de divisiones y conflictos. ¿Podéis imaginaros cómo todos esos niños, provenientes de medio ambientes enteramente diferentes, y con propensiones mentales diferentes, podían vivir en la misma ermita, donde las condiciones y las instalaciones eran usualmente muy espartanas? Ellos llevaban una vida difícil. La mayoría de las ermitas en esos días estaban situadas en los bosques, bien lejos de cualquier aldea o pueblo. El maestro nunca trataba a los discípulos de distinta manera; nunca proveía a un príncipe de una habitación separada y hermosamente amueblada, junto con un montón de sirvientes para que atendieran sus necesidades, ni tampoco ponía al hijo del hombre pobre en una cabaña polvorienta, mohosa y diminuta. No había ese tipo de discriminación, ni con la comida, ni el alojamiento, ni la ropa. Todos comían la misma comida, dormían sobre el mismo piso, y usaban la misma ropa sencilla. Ya sea que fuera un príncipe, el hijo de un ministro o de un noble, o el hijo de un pobre, todos tenían que ajustarse a la misma y simple forma de vida, y todos trabajaban duro. No había absolutamente ninguna división o parcialidad. Por el contrario, había mucho que compartir, profundo amor, y un sentimiento de unidad entre ellos.

"Era el grado de excelencia del maestro el origen de toda esa belleza y encanto en sus vidas. Era su presencia que ayudaba a los discípulos a olvidar todas las divisiones y a vivir en unidad, y a beber del conocimiento impartido por el maestro.

"Entonces, hijos míos, recordad: sólo a través del amor y la relajación es posible crecer. Pero desafortunadamente, nuestro concepto acerca de lo que es realmente el crecimiento ha cambiado. Creemos que el crecimiento es algo externo: hacerse rico, comprar tantos autos y tantas casas como se pueda, comprar tanto surtido y tantas reservas como se pueda; entonces la gente dice: '¡Él ha crecido tremendamente!' Ésta es la clase de comentario que haríamos sobre una persona así. Pensamos que ella ha evolucionado, pero ¿es eso verdadero crecimiento? Mientras uno está dividido interiormente, no se puede crecer. La mayor parte de los seres humanos están divididos, tanto dentro como fuera. ¿Cómo puede producirse algún crecimiento real en una persona o en una sociedad, mientras no haya amor o sentimiento de unidad?

"El verdadero crecimiento tiene lugar en la unidad que nace del amor. La leche que fluye del pecho de la madre nutre al bebé y provee a su cuerpo de fuerza y vitalidad, permitiendo que todos los órganos crezcan saludablemente y en debida proporción. Pero no es sólo leche lo que fluye del pecho de la madre — es la calidez, el amor y el afecto de la madre en forma de leche. De manera similar, el amor es la 'leche de pecho' que ayuda a la sociedad a crecer como un todo. El amor suministra la fuerza y la vitalidad necesarias que capacitan a la sociedad para crecer sin división."

Capítulo 7

La Madre del universo

Eran las cinco de la tarde. La Madre estaba parada frente al establo de vacas con un grupo de *brahmacharis, brahmacharinis* y devotos miembros de familia que se encontraban de visita. Las vacas estaban atadas afuera y estaban siendo llevadas al establo por un *brahmachari*. Cuando el *brahmachari* estaba a punto de desatar la última vaca, la Madre le dijo: "Hijo, espera un momento." La Madre sonrió y se aproximó a la vaca. De repente se arrodilló apoyando sus manos sobre el suelo como una niña gateando y empezó a beber leche directamente de las ubres de la vaca. La vaca permaneció muy quieta con una mirada de tremenda bienaventuranza en su cara. Mientras la Madre bebía de cada una de las ubres, éstas se volvían a llenar con más y más leche. A la Madre se la veía completamente dulce e inocente con la leche que bajaba por sus mejillas.

Aquellos que presenciaron esta escena única quedaron profundamente conmovidos, pues les recordó las historias de la niñez de Sri Krishna. La vaca debe haber acumulado una gran cantidad de mérito por haber recibido la oportunidad de alimentar a la Madre universal directamente de sus ubres.

Finalmente, la Madre se puso de pie. Secó su rostro con una toalla y besó afectuosamente a la vaca. Ella dijo: "Hijos, esta vaca ha estado esperando que la Madre bebiera de ella durante un largo tiempo. Este deseo suyo era muy fuerte."

Uno de los devotos dijo con gran sentimiento: "Amma, Usted es verdaderamente la Madre del Universo. Usted puede entender los pensamientos y sentimientos de todo en la Creación y actuar de acuerdo con ello."

La Madre caminó hacia la parte de atrás del establo. El *brah-machari* desató la vaca y mientras ésta era llevada al establo, giró su cabeza hacia la Madre y se mantuvo mirándola.

La Madre dijo: "Hijos míos, hubo un tiempo en que todos, incluso los padres de Amma, estaban en contra de Ella debido a sus costumbres inusuales, y todos La abandonaron. Cuando esto sucedió, fueron los pájaros y los animales los que atendieron las necesidades de Amma. Un perro solía traer paquetes de comida para Amma de alguna parte. A veces, Amma solía estar sentada en profundo *samadhi* por varios días seguidos. Cuando Ella salía de ese estado, una vaca llegaba y se paraba enfrente de Ella en una posición tal que Amma podía beber tanto como quería directamente de sus ubres. Había un águila que tenía el hábito de traerle pescado a Amma, el cual Ella comía crudo. Hijos, cuando seáis uno con la Creación, cuando vuestro corazón se llene solamente de amor, toda la Naturaleza será vuestra amiga y os servirá. Son vuestro egoísmo y vuestra estrechez mental los que mantienen alejadas a las criaturas."

Ahora la Madre estaba parada detrás del establo de vacas. Cuando notó que el depósito que juntaba el orín de las vacas estaba lleno a rebosar, Ella dijo: "Hijos, Amma está sorprendida de ver que ninguno de vosotros ha tomado la iniciativa de vaciar este recipiente." Entonces la Madre llamó al *brahmachari* que estaba a cargo de las vacas y le preguntó: "¿No viste esto? ¿No es tu deber asegurarte de que el establo y sus alrededores se mantengan limpios? Hijos, no importa qué hagáis. Lo importante es cómo lo hacéis. Si no realizáis vuestras acciones con amor y dedicación, ¿cómo podéis progresar espiritualmente? Amma no quiere decir mucho. Vosotros, hijos míos, deberíais aprender a hacer las cosas de buena gana y espontáneamente sin que os lo tenga que pedir." Habiendo dicho esto, la Madre misma empezó a vaciar el depósito con un balde. Cuando ellos vieron eso, todo el grupo se adelantó. Al principio temían acercarse a la Madre en caso que Ella estuviese enojada y no les permitiera ayudar. Pero la Madre no dijo nada. Tomando esto como una señal, recogieron más baldes y comenzaron a ayudar, y en pocos minutos el recipiente estuvo limpio. Cuando hubo acabo el trabajo, el vestido de la Madre estaba cubierto de suciedad. Pero a la Madre no le importó. Ella tomó una escoba que se encontraba en un rincón y empezó a barrer toda el área alrededor del establo. Aunque todos le rogaron a la Madre que les dejase hacerlo, Ella continuó barriendo hasta que el lugar quedó limpio.

Era la hora de los *bhajans* de la tarde. La Madre se dirigió a su habitación y regresó unos minutos más tarde para permitir que todos bebieran de la bienaventuranza de su canto lleno de sentimiento.

El miedo bloquea la espontaneidad

Cuando los *bhajans* hubieron terminado, la Madre nuevamente respondió algunas preguntas con toda dedicación. Los devotos se deleitaron con la oportunidad de aprovechar el conocimiento de esta infinita fuente de sabiduría.

Pregunta: "Amma, el otro día, Usted dijo que uno no puede estar relajado si uno es presa del miedo, y así uno no se expresa con espontaneidad. ¿Qué causa este miedo?"

La Madre: "Es el pensamiento de qué pueden pensar los demás de nosotros lo que causa este miedo. Es el miedo a ser juzgado. El problema yace en el sentimiento de separación, en el sentir que los demás son otros. Mientras exista este miedo, vuestro corazón estará cerrado, y un corazón cerrado no puede expresarse.

"Considerad el ejemplo del estudiante a quien se le pide que recite un poema enfrente de una clase. Él aprende el poema repitiéndolo a solas en su casa; pero cuando el estudiante más tarde trata de recitarlo enfrente de los demás es superado por el miedo — el miedo a ser criticado. El pensamiento de qué pensarán de él sus amigos y el maestro si él comete un error lo abruma, y así, de repente, olvida todo lo que ha aprendido.

"Cuando el estudiante está solo tras las puertas cerradas de su habitación, él está relajado y sin temor. En medio de los demás, sin embargo, no puede relajarse. El pensamiento de que están observándolo y que ellos pueden juzgar y criticar crea un bloqueo dentro de él y pierde su capacidad de expresarse. Un sentimiento de separación de los demás, que ellos son otros, crea este miedo y bloquea el fluir de la inspiración y la expresión. Este sentimiento debe desaparecer si es que hemos de expresarnos con plenitud. Deberíamos aprender a sentirnos siempre tan relajados como nos sentimos estando solos en nuestra propia habitación.

"Una hermosa canción llega sólo cuando el cantante se olvida tanto de la audiencia como de sí mismo. Una pintura que cautiva el corazón surge únicamente cuando el artista se olvida de sí mismo y de todo lo demás, incluso del mundo. Todo sentimiento de que hay otros debe desaparecer si es que vuestros talentos han de expresarse en toda su plenitud y belleza. El sentimiento de separación obstruye la afluencia de vuestro corazón.

"Amma conoce un muchacho que es un cantor muy talentoso. Él tiene una voz maravillosa, pero siempre que trata de cantar enfrente de otros, no logra expresar su don en absoluto; tiembla, comienza a transpirar y canta desafinado. ¡Pobre chico! Por su miedo a la crítica, él es invadido por pensamientos tales como: '¿Cómo voy a cantar frente a todas estas personas? ¿Les complacerá mi canto? ¿Podré cantar bien? Si no lo hago, ¿qué van a pensar de mí?' Entonces se le hace imposible cantar frente a una audiencia.

"Mirad a un *Mahatma*. Siempre que quiere, él puede expresar todo su ser con todo su encanto y belleza. Él no está condicionado por nada. El sentimiento de que hay otros está ausente en él, y él es intrépido. Él se puede mover y relacionar libremente con cualquiera en cualquier momento, no importa dónde esté. ¿Cómo es posible esto? Es posible porque él ve a todos como su propio Yo. Para él, sólo existe el *Atman*."

Sonaba como si la Madre estuviese hablando de Ella misma. Una persona que observa a la Madre enseguida nota cuán libremente Ella se relaciona con la gente y cuán espontáneamente se adapta a las diferentes situaciones sin el menor sentimiento de falta de familiaridad. Nadie es un extraño para Ella, ni tampoco la gente la ve a Ella como una extraña. Esto le ayuda a uno a abrirse y a compartir todos sus sentimientos con la Madre. Uno siente que la Madre está muy cerca de uno, que Ella es un ser querido. Y esto es verdad — nadie puede estar más cerca de nosotros que la Madre — pues Ella es nuestro propio Yo más recóndito. El sentimiento de separación está totalmente ausente en Ella. Estando más allá de todo miedo, la Madre puede expresar todo su ser en cualquier situación.

Estar solo y sentirse solo

Pregunta: "¿Cuál es la diferencia entre sentirse solo y estar a solas con uno mismo?"

La Madre: "El estar solos os ayuda a relajaros. Estar solo no tiene nada que ver con soledad. Vosotros podéis sentiros solos cuando estáis abrumados por pensamientos y emociones. Imaginaos que estáis viviendo una vida familiar feliz, vuestro lugar de trabajo está cerca de vuestra casa, os encanta pasar tiempo con vuestra familia, y entonces de repente vuestra oficina os envía al extranjero por dos años. Se os pide que vayáis inmediatamente y vosotros no podéis llevar vuestra familia. De modo que os marcháis de vuestra casa para estableceros en un lugar nuevo. Al llegar allí os sentís intensamente tristes. Os parece que habéis perdido toda vuestra fuerza y todo vuestro entusiasmo. No podéis dejar de pensar en vuestra esposa y en vuestros hijos. La separación de vuestra familia os hace sentir solos, y cuanto más extrañáis a vuestra familia, más vulnerables os sentís. Cuando sentís soledad os perturbáis emocionalmente, y cuando esto sucede os tornáis vulnerables. Os volvéis esclavos de vuestra mente. En ese estado sois una víctima fácil de cualquier situación, y en consecuencia perdéis vuestra paz mental. Una persona que se siente sola está agitada y no puede estar en paz ni ser feliz. Esto es lo que la soledad os hace.

"El estar solo con uno mismo, por el contrario, es algo que ocurre muy profundo dentro de uno; os hace sentir contentos y en paz en cualquier situación. Ya sea que estéis físicamente solos, o en medio de una gran multitud de extraños en un país foráneo con una cultura y un idioma diferentes, vosotros estaréis inmensamente felices y seréis espontáneos en la manera de expresaros. Un individuo que ha desarrollado esta capacidad de estar solo en su interior no puede ser superado por las emociones. Nunca se sentirá triste o vacío. Nada puede perturbar la afluencia espontánea de su corazón cuando él está en este estado.

"Uno se siente solo cuando está esclavizado por la mente, el estar solo es un estado en el que se entra cuando uno se convierte en el amo de su mente, cuando uno va más allá de la mente. La soledad es externa, es de la mente y del cuerpo. El estar solo es interno, pertenece al *Atman*. El sentirse solo es el resultado del apego. El estar solo es el resultado del desapego. La soledad os arroja a un estado de sombras y tristeza. El estar solo trae luz y amor a vuestra vida.

"El estar solo no es lo mismo que aislarse. Cuando estamos en un sitio hermoso y pintoresco, lejos de la multitud, estamos aislados. Pero en esa clase de soledad, uno todavía puede estar agitado, si la capacidad de estar solo, o el aislamiento *interior* aún no se ha logrado. "Os sentís solos cuando estáis tensos y agitados. El estar solo, por el contrario, se experimenta cuando uno está relajado y libre de toda tensión. La soledad cierra vuestro corazón y obstruye toda posibilidad de auto-expresión. El estar solos os ayuda a abriros plenamente y a expresaros naturalmente y espontáneamente. El sentirse solo es el signo de una persona que está atada al mundo y a sus objetos, y que es esclava de sus deseos. El estar solo es el signo de un alma que es libre de todo deseo y de los objetos y placeres del mundo."

Pregunta: "¿Cómo podemos alcanzar este estado de estar solos? ¿Cómo podemos librarnos de todos los miedos y de nuestros sentimientos de separación de los demás?"

La Madre: "Esto es posible solamente a través de la meditación. Para sentirse completamente relajado y para finalmente alcanzar el estado de estar solo perfectamente, la interferencia del pasado y del futuro debe detenerse. Sólo este momento existe y debe ser experimentado. La meditación es la técnica para saber cómo estar en el momento presente.

"Concentrándonos, por ejemplo, en una forma, un sonido, o una luz, aprendemos a estar constantemente en ese estado de estar a solas en nuestro interior, y a estar gozosos en cualquier situación. Estar contento en el propio Yo, por el Yo, y para el Yo, es lo que se conoce como estar solo en el interior. Todas las prácticas espirituales se hacen para experimentar esta soledad o unidireccionalidad de la mente. En realidad, no tenemos que depender de nada externo para nuestra felicidad. Deberíamos volvernos independientes — dependiendo sólo de nuestro propio Ser superior, la verdadera Fuente de todo gozo. La presencia de un verdadero maestro es el mejor sitio para experimentar este estar solo.

"No confundáis este estado de aislamiento interior con estar físicamente solo en un lugar tranquilo. A menos que hayáis silenciado vuestra mente, no encontraréis ese estar solos interior aun si os sentáis en un lugar tranquilo, en una hermosa cueva en los Himalayas, o en un bosque agradable y aislado. Si la mente está agitada no experimentaréis verdaderamente el estado de estar a solas en vuestro interior, sino que continuaréis siendo presas de la mente y de su negatividad.

"Una vez, tres buscadores se fueron a las montañas para hacer *sadhana* con toda seriedad. Antes de comenzar, ellos decidieron hacer un voto de silencio por tres años. Los tres empezaron entonces a realizar severas austeridades. Un día, un caballo pasó casualmente por allí. Casi un año transcurrió cuando uno de ellos dijo una hermosa mañana: 'Ése era un hermoso caballo blanco.' Eso fue todo lo que dijo. Nadie más habló después de eso. Así pasó otro año, hasta que un día el segundo hombre de repente comentó: 'No, ése no era un caballo blanco. Era negro.' Eso fue todo. Nuevamente el silencio prevaleció durante todo un año. Cuando finalmente los tres años hubieron llegado a su fin, la tercer persona abrió su boca y dijo: '¡Ya es suficiente! ¡Me voy de este lugar inmediatamente! Vosotros no tenéis disciplina y estáis molestando a los demás con vuestra conversación.'"

Todos se rieron de la historia de la Madre.

"Hijos míos, ese estar solo interior puede experimentarse sólo cuando la mente está quieta y silenciosa. De esa quietud surge la bella flor de la paz y la bienaventuranza. Una vez que experimentáis el estar solos, podéis estar en cualquier parte de este planeta o en cualquier otro mundo, incluso en el infierno, pero siempre estáis inmersos en paz y bienaventuranza. No importa si estáis físicamente solos o en el sitio más ruidoso de la tierra — siempre estáis gozosos y contentos.

"Un *Satgurú* creará situaciones a través de las cuales este estar solo puede ser hallado dentro de vosotros. El maestro no enseña nada, pero en su presencia las situaciones útiles aparecen espontáneamente. Esto puede suceder porque el maestro es la encarnación de 'Aquello.' Él es el creador de cada situación que os permitirá crecer espiritualmente. El maestro os ayuda a cerrar las puertas y las ventanas de vuestros sentidos. Vuestros sentidos son las puertas y las ventanas a través de las cuales os alejáis de vuestro Ser superior interior. No podéis ver el *Atman* a través de las puertas y ventanas de los sentidos. En realidad, no las necesitáis para ver vuestro Ser superior.

"Suponed que estáis viviendo en un medio ambiente de lo más pintoresco y maravilloso. Estáis en vuestra casa y de repente deseáis echar una mirada al bello paisaje exterior. Abrís la puerta y salís caminando hacia el campo, o puede que os quedéis dentro y miréis por la ventana. Pero si queréis miraros a vosotros mismos, no hay necesidad de ir afuera. Podéis cerrar la puerta y alejaros de ella, porque sabéis que no podéis encontraros en algún lugar allí afuera; vosotros estáis aquí dentro. Necesitáis las salidas de los sentidos para percibir el mundo exterior, pero a través de esos sentidos no podéis experimentar el Ser interior; pues ese Ser no se encuentra en algún sitio allí afuera en el mundo. El *Atman* no puede ser visto con los ojos o experimentado a través de ninguno de los sentidos, los que están todos enfocados hacia afuera, en dirección opuesta al Yo. Si deseáis ver el Yo, tenéis que volveros ciegos; tenéis que cerrar las puertas y dejar de dirigir vuestra atención hacia afuera, porque el Ser está adentro. Una vez que realicéis vuestro verdadero Yo, que mora dentro, podéis salir por las puertas de los sentidos tanto como queráis, pues entonces ya no veis un mundo de diversidad — todas las cosas se transforman en una totalidad. Pero para que esto ocurra tenéis que volveros ciegos al mundo de la pluralidad. Cuando quedáis ciegos al mundo exterior, aun cuando vuestros ojos están abiertos, entonces es cuando desarrolláis el ojo interior divino, una visión nueva — el tercer ojo de infinito conocimiento e infinita sabiduría. Eso es lo que veis en los ojos de un *Mahatma*.

"La meditación es la técnica que os permite cerrar las puertas y las ventanas de los sentidos, de manera que podáis mirar adentro y ver el *Atman*. La verdadera meditación sólo puede experimentarse en la presencia de un *Satgurú*. Un verdadero maestro está constantemente en meditación, aunque podáis verlo físicamente activo. Su presencia es el lugar más propicio para que se produzca vuestro Auto-desarrollo. En su presencia podéis alcanzar ese estar solo interior y libraros así de todos vuestros miedos y sentimientos de separación de los otros y de todo lo demás."

La Madre hizo una pausa, y en el silencio de la noche Ella empezó a cantar:

Nilameghangale

¡Oh, nubes azules!
¿Cómo habéis logrado ese tono azul hoy,
El encantador aspecto azul oscuro
Del niño de Nanda de Vrindavan?

¿Habéis conocido al niño, Kannan Krishna?
¿Habéis hablado con Él
E intercambiado una sonrisa?
¿Os acarició de la cabeza a los pies
La mirada de sus ojos
Azules como el loto?

¿Os dijo Kannan
Cuándo Él aparecerá ante mí?
¿Dijo también que me iba a recibir?
¿Envió algunas palabras

De consuelo por medio de vosotros
Para la paz de mi mente?

El propio esfuerzo en la presencia del Satgurú

Al oír el sonido del canto de la Madre, más residentes salieron de sus cabañas y se reunieron a su alrededor. Cuando la canción llegó a su fin, la Madre se sentó calladamente mirando hacia el hermoso cielo que estaba iluminado por la luna y numerosas estrellas titilantes. Tras unos minutos, alguien hizo otra pregunta.

"Amma, suena como si todo simplemente sucede en presencia de un verdadero maestro, sin ningún propio esfuerzo de nuestra parte. Pero, ¿no es acaso necesario el esfuerzo personal para que se abra el ojo espiritual?"

La Madre: "Hijos míos, aun el esfuerzo personal tiene lugar espontáneamente en presencia de un maestro, a condición de que tengáis una actitud correcta, fe, y entendimiento. La intensidad de las situaciones creadas por el maestro es tal que el propio esfuerzo ocurre sin nuestro conocimiento. Al igual que un pequeño capullo se abre para convertirse en una hermosa y fragante flor, vosotros también experimentaréis que os abrís naturalmente y espontáneamente en la presencia de un *Satgurú*.

"Por supuesto, el esfuerzo personal existe; pero para que ese esfuerzo dé los frutos correctos primero debemos saber qué es lo que se tiene que hacer y cómo. Sólo un maestro perfecto puede concedernos este conocimiento. Mediante nuestro constante estar en compañía del maestro, esto se nos hace conocido, y desde allí en adelante es fácil. Vosotros pensáis que para alcanzar la liberación hay algo que debe hacerse; pero el quid de la cuestión en la relación *gurú-sishya* es hacerle saber al discípulo que él no tiene que hacer nada, porque *Moksha* (Liberación) no es algo que os llega o que entra en vosotros desde afuera; por el contrario, es algo que es intrínsecamente parte de vosotros, algo que vosotros ya tenéis.

"La mente, o el pasado, no es el problema; el problema radica en vuestra identificación con la mente, con vuestro pasado. El apego poco inteligente, el sentimiento de 'yo y mío,' es el problema. Una vez que aprendéis el arte de retirar vuestro apego y ser testigos, entonces algo cambia en el modo de ver todas las cosas.

"Amma ha oído una historia que Ella va a usar como ejemplo. Una fábrica se incendia. El dueño de la fábrica está en un terrible estado, sollozando y gritando como quien se ha vuelto loco. '¡Todo está siendo destruido!' llora él. 'Toda mi riqueza, todo lo que he ganado con duro trabajo se ha ido. ¡Estoy arruinado!' Entonces, de repente, un amigo se le acerca y le dice: '¿Por qué estás llorando tan desesperadamente? ¿No sabes que tu hijo vendió la fábrica ayer? ¡Ya no os pertenece!' La fábrica todavía se está quemando, la situación no ha cambiado, pero el hombre inmediatamente deja de llorar. La combustión en su interior cesa. Él seca sus lágrimas y sonríe aliviado. En ese momento, su hijo llega y le dice: 'Papá, ¿por qué estás simplemente parado allí? ¿No ves que la fábrica está en llamas? ¡¿Por qué no haces algo?!' El padre dice: '¿Qué hay que hacer? Tú has vendido la fábrica.' Pero el hijo le dice: 'No, padre, casi vendimos la fábrica ayer, pero algo salió mal; la venta no se concluyó.' Tan pronto como se entera de la noticia, el padre es otra vez arrojado a un estado de desesperación, y su llanto se reanuda.

"El edificio en llamas no es la causa de su sufrimiento. Su apego al edificio es la verdadera razón de su sufrimiento. El pensar que la fábrica es de él, y luego que ya no es suya, crea estados de ánimo enteramente diferentes en él. Su terror y desesperación iniciales se transforman en felicidad y alivio, y luego otra vez en angustia. La situación externa no ha cambiado, ya que la fábrica se sigue quemando — el cambio ocurre dentro de él. Cuando oye que la fábrica ha sido vendida, él retira su apego y simplemente observa como un testigo el incendio del edificio. Pero tan pronto como recibe la noticia que el edificio no ha sido vendido después de todo, se crea un apego que lo sumerge nuevamente en la aflicción. Si podéis renunciar a vuestros sentimientos de apego, entonces estaréis siempre calmos. Dejad de identificaros con el mundo creado por vuestra mente, y un nuevo mundo se abrirá ante vosotros. Puede que todavía poseáis una gran casa, un hermoso auto y otras comodidades, pero en realidad no poseéis nada. Al no permitir que ningún objeto inanimado afecte vuestra vida, os convertís en su amo.

"No penséis que todos vuestros recuerdos del pasado desaparecerán cuando obtengáis el estado de perfección. No, los recuerdos todavía están allí, pero ya nunca más os identificaréis con ellos. Una vez que vuestra identificación con el pasado sea retirada, el pasado llega a ser nada más que un depósito de recuerdos. Pensad en el pasado como un sitio de depósito y no como el lugar donde vivís. Si necesitáis usar algo del pasado, vais allí y lo recogéis, y tan pronto como has encontrado lo que necesitáis, os marcháis del sitio. Vosotros no vivís allí. Esto es lo que necesita ser comprendido. No paséis vuestra vida en el depósito de recuerdos del pasado, pues ése no es vuestro hogar. Alejaos de allí y vivid en la luz, en el amor, y en la libertad donde pertenecéis. Éste es el mensaje de un verdadero maestro. Lo aprenderéis con simplemente estar en su presencia. En ningún otro lugar del mundo puede aprenderse esto."

Capítulo 8

El trabajo como adoración

El trabajo de hormigón del nuevo salón de oración había comenzado temprano hoy. Casi todos los residentes del ashram estaban trabajando duro, llevando el hormigón en grandes recipientes de metal que se pasaban unos a otros. Poco después de haber empezado, la Madre llegó al sitio y estaba a punto de participar en la tarea. *Br.* Balu (Swami Amritaswarupananda) le suplicó a la Madre diciéndole: "Amma, este trabajo es con cemento. ¡Por favor, no haga esto! ¿Por qué se preocupa cuando hay tanta gente aquí para hacer el trabajo? Amma, el material va a quemar su piel si llega a salpicarle."

La Madre respondió: "También quemaría tu piel, no sólo la de Amma."

Pero Balu insistió: "Amma, ¡por favor, no haga esto! Nosotros haremos el trabajo."

La Madre le sonrió y dijo: "Hijo, Amma es feliz de hacer cualquier clase de trabajo. Desde una edad muy joven, Amma tuvo que trabajar duro. Su cuerpo nunca conoció el descanso. No te preocupes."

Varios otros también trataron de disuadir a la Madre de participar en la labor. Pero sus súplicas cayeron en oídos sordos. Con una sonrisa radiante, la Madre ató un trapo alrededor de su cabeza y empezó a trabajar junto a sus hijos. Ella levantó una batea de metal llena de hormigón encima de su cabeza, y se la llevó.

Todo el mundo estaba absorto en el trabajo cuando un recipiente lleno de hormigón resbaló de repente de las manos de un *brahmachari* y cayó pesadamente al suelo. Él pudo dar un paso atrás un momento antes que cayera, de modo que la batea no lastimara sus pies. Pero el cemento salpicó e hizo unas marcas sobre el rostro de la Madre. El *brahmachari* dijo: "Amma, por favor, perdóneme por mi falta de *shraddha*." La Madre le sonrió y dijo: "¡No hay problema! Esto es sólo parte del juego." La Madre secó su cara con una toalla que uno de los *brahmacharis* le había alcanzado y continuó trabajando. Mientras trabajaban la Madre repetía: *"Om Nama Shivaya,"* y todos respondían a coro. Esto fue seguido por otra canción:

Adiyil Parameswariye

Oh, Diosa, suprema y primordial
Oh, Madre de todos los mundos
No tengo ninguna meta en este mundo
Excepto la Madre.

Oh, Madre, con ojos hermosos
Como los pétalos de un loto azul,
Tú eres quien sostiene a los tres mundos.
Oh, Tú, que moras en la flor de loto, Maya
Oh, hermosa
Origen de todas las cosas
Libérame de todo sufrimiento.

Oh, llena de Gracia
Destructora de la codicia
Que nos conduces a través
De la tierra de la transmigración
Protégeme.
Oh, Madre, dadora de devoción y liberación
Oh, Katyayani, la célebre
Me inclino ante ti.

Oh, Diosa de la tierra
Que eres sabiduría y conocimiento
El único deleite y la única nutrición
Tú eres toda la creación.
Oh, Tú, que satisfaces todos los deseos
Por favor, líbrame de mi orgullo
Mora en mi mente y elimina mis deseos.

La Madre estaba de pie al sol ardiente. Un devoto trató de sostener una sombrilla por encima de su cabeza, pero la Madre amorosamente la rehusó y se alejó diciendo: "¡No, no! ¿Cómo puede Amma usar una sombrilla cuando todos sus hijos están trabajando al sol?"

Cada vez hacía más calor. Gotas de sudor brillaban sobre el hermoso rostro de la Madre. La Madre había estado trabajando continuamente durante las dos últimas horas, pero su sonrisa nunca se desvaneció por un solo momento. Ella secó su rostro con una toalla y dijo: "Hijos, cuando trabajéis, tratad de sentir la presencia de Dios en todas partes. Simplemente imaginad que todos aquellos que están trabajando con vosotros son chispas de la Divinidad. Dios está cargando arena; Dios está pasando el hormigón a Dios; la obra de albañilería, la gente que está mezclando el cemento, las bateas de metal — todo está impregnado de la conciencia de Dios. Tratad de hacer el trabajo con este sentimiento. Entonces vuestro tiempo no será malgastado."

La Madre siguió trabajando. En un momento durante la tarea, Ella puso la batea sobre el piso. Ahora sólo quedó el trapo alrededor de su cabeza como un turbante. Se La veía tan hermosa y atractiva que algunos de los residentes hicieron una pausa en su labor nada más que para mirar a la Madre, y sus caras se iluminaron con una sonrisa.

En ese instante, un grupo de jóvenes, que eran devotos de mucho tiempo de la Madre, llegaron para verla. Ellos habían traído algunas personas nuevas. La Madre se quitó el turbante y caminó con ellos hacia el frente del salón de meditación. *Br.* Balu y otros dos *brahmacharis* se unieron al grupo, sabiendo que la Madre iba a hablar de temas espirituales con los jóvenes, que eran curiosos y sinceros.

Después de ofrecer sus reverencias a la Madre, uno de los jóvenes dijo: "Amma, parece que Usted ha estado trabajando mucho. Debe estar cansada."

"Hijo," respondió la Madre, "uno se siente cansado solamente si no hay amor en sus acciones. Si realizas tus acciones con amor, el cansancio y el aburrimiento no pueden abatirte."

Después de una corta conversación ligera, uno de los recién llegados le hizo a la Madre una pregunta.

Aunque vosotros no lo creáis, vuestra divinidad permanece inalterable

Pregunta: "Amma, la espiritualidad recomienda que eliminemos nuestro ego. Pero, ¿de qué sirve deshacerse del ego? Yo creo que el ego es útil — no es algo inútil. Es sólo gracias al ego que existe este hermoso mundo. Si este mundo va a desaparecer cuando el ego sea destruido, yo prefiero aferrarme a mi ego. Si puedo elegir, yo me quedo con mi ego. No lo voy a soltar."

La Madre: "Hijo, no se puede forzar a nadie a que se deshaga de su ego. A nadie le gusta soltar su ego — es tan preciado para todos. Sin embargo, una vez que se ha obtenido el estado de ausencia-de-ego, el mundo no desaparece, como tú puedes pensar. El mundo continuará, pero se produce un cambio dentro de ti. Algo queda descubierto. Tú comienzas a ver todas las cosas con el asombro y la inocencia de un niño.

"Cuando tú realizas el *Atman*, todo el universo alcanza la realización, por así decirlo; porque, en ese estado, tú realizas la naturaleza todo-penetrante del *Atman*. Tú ves y experimentas el *Atman* en todas partes. Al comprender que todo está impregnado de Conciencia divina, tú ves también que todos los seres humanos ya son divinos, que todas las cosas en la creación ya son divinas. La única diferencia es que tú sabes que tú y ellos son uno con la Divinidad, pero ellos no lo saben. Es sólo una cuestión de poner la verdad al descubierto.

"Hijo, te deshagas o no del ego, la Divinidad es tu verdadera naturaleza. Nada puede cambiar eso. Si tú insistes en decir: 'yo soy el ego, el cuerpo, la mente, y el intelecto,' ello no hace las cosas diferentes. Tu verdadera naturaleza no es afectada en lo más mínimo por tu falta de entendimiento. Es como decir que la tierra es plana en vez de redonda, creyéndolo así, ¿va a cambiar eso la forma de la tierra de alguna manera? No, por cierto que no. Del mismo modo, tú eres libre de creer que tú eres el ego y que el ego es real, pero a pesar de ello continuarás siendo lo que eres: el *Atman*. Tu naturaleza divina no cambiará, ni se reducirá, aunque tú no creas en ella.

"Si alguien cree que el fuego es frío y el hielo caliente, ¿hará eso frío al fuego y caliente al hielo? No, eso sería imposible. Es lo mismo contigo y tu verdadera naturaleza.

"Tú puedes decir que la redondez de la tierra y las temperaturas fría y caliente del hielo y del fuego son hechos probados; mientras que el *Atman*, nuestra verdadera naturaleza, es sólo una cuestión de fe. Hijo, antes que se probara que la tierra es redonda, era sólo una creencia basada en la fe, ¿no es cierto? Había una diferencia de opiniones entre los científicos respecto a la forma de la tierra; la gente incluso pensaba que la tierra era plana. Más tarde, fue probado que la tierra es redonda; pero hasta entonces, la forma de la tierra siguió siendo un misterio, una cuestión de fe. Antes que los científicos puedan probar nada, ellos simplemente creen. Trabajan sobre la base de una cierta hipótesis, y cuando ésta ha sido probada por medio de la experimentación, ellos afirman que es verdad. Así que todo es una cuestión de fe hasta que es experimentado directamente o probado científicamente.

"Así como los científicos han probado sus distintas teorías a través del trabajo que realizan en sus laboratorios, los santos y sabios espirituales, habiendo trabajado en sus laboratorios interiores, han experimentado al Ser superior, la Realidad Fundamental, directamente. Ésta no es la experiencia de una o dos personas en un lugar en particular en la historia; es la experiencia de todos aquellos alrededor del globo que han explorado su Ser interno. De modo que tú no puedes negar su autenticidad diciendo que sólo es una creencia y no algo que está basado en hechos.

Sólo un capullo puede florecer

"Conserva tu ego si deseas y no lo sueltes. Nadie va a forzarte a deshacerte de él, porque la fuerza no funciona aquí. Es como abrir los pétalos de una flor. El capullo tiene que abrirse naturalmente, sin ninguna fuerza externa. Sólo el proceso natural de florecer hará surgir toda la belleza y la fragancia de una flor. Sin embargo, si tú te pones impaciente y tratas por la fuerza de abrir los pétalos, la flor morirá. La fuerza sólo destruirá el proceso interno de florecer.

"Cuando un capullo ha estado cerrado por mucho tiempo, siente un intenso anhelo de florecer, de salir y bailar gozosamente en la brisa fresca del espacio abierto. La etapa de capullo es como una prisión. El estar prisionero crea anhelo por libertad; crea una sed intensa de romper el cautiverio y salir. Se podría decir que es una ley inevitable que para conocer realmente el gozo de la libertad uno debe primero estar esclavizado y prisionero. Pues sólo un capullo puede florecer. Antes que la flor florezca, tiene que pasar por la etapa de ser un pimpollo cerrado. El ansia por abrirse nace del estado de capullo.

"De manera similar, tu corazón en su etapa de estar cerrado es conocido como el ego. En algún momento antes de abrirse, puede que el capullo piense: 'Yo soy un capullo y me gusta estar así. ¡Este mundo es tan hermoso! Si pudiera elegir me quedaría aquí mismo. Dicen que hay un estado mucho más elevado conocido como ser una flor, un estado lleno de belleza y fragancia. Hablan de los coloridos pétalos y del exquisito perfume que tengo. Pero yo no sé nada de todo eso; yo estoy bastante cómodo y seguro tal como soy. En realidad, tengo miedo de cambiar....'

"Tú puedes seguir siendo lo que eres y discutir tanto como quieras, pero no durará mucho. Muy pronto el pimpollo va a empezar a sentirse incómodo — un poquito inquieto, con una sensación de asfixia — y estos sentimientos se intensificarán. A medida que la sensación de ahogo aumente, también crecerá una sed insaciable de salir y liberarse; y esto gradualmente va a culminar en un pleno despliegue y florecimiento.

"El estado de capullo del corazón es el ego. Tú estás experimentando la misma agitación que el capullo: 'Este mundo es hermoso tal como es. Tengo miedo que todo desaparezca. Si puedo elegir, prefiero aferrarme a mi ego.' Tú puedes racionalizar así, está bien; pero no importa cuánto discutas, lo cierto es que eres una flor en potencia. Cada uno y todos los pimpollos son flores en potencia; puede que sean capullos ahora, pero eso no significa que la flor latente no esté allí. Es un hecho inmodificable que hay una flor esperando abrirse dentro de cada pimpollo cerrado. Tú puedes ser escéptico y negarlo, pero ninguno de tus pensamientos puede cambiar la verdad. Tus pensamientos y tus dudas pertenecen a la mente. No, la Verdad no puede cambiarse. La Verdad sigue siendo la Verdad — indiscutible e invariable.

"En un sentido, es bueno permanecer como capullo tanto como sea posible, es decir, en la etapa de estar cerrado del ego, porque cuanto más tiempo estés en esa condición, más anhelarás escapar de allí. Cuanto más tiempo se está en la cárcel, más intenso es el anhelo de disfrutar la bienaventuranza de la libertad. Del mismo modo, a mayor tiempo pasado dentro de la vaina cerrada de tu ego, más ímpetu ganarás para que ocurra la ruptura final. Así que está bien. No te apures; quédate encerrado y continúa racionalizando y discutiendo tanto como quieras. Es un buen signo, pues significa que estás acercándote.

"Pero recuerda: nadie va a forzarte a abrirte; no puedes ser forzado a soltar tu ego. Si tu elección es aferrarte a tu ego, está bien. Tú prefieres el mundo oscuro del capullo; te sientes cómodo allí. Tu mente se ha acostumbrado tanto a la oscuridad que hay dentro del pimpollo cerrado que en tu ignorancia crees que la oscuridad contiene toda la luz que necesitas. Tú no sabes que la tenue luz que percibes es sólo el brillo de unos pocos rayos lastimeros de luz que logran filtrarse por las diminutas aberturas del capullo. Es como la débil luz que se ve en una mazmorra.

"Es como si tú has pasado tanto tiempo en una mazmorra que te has olvidado lo que es la verdadera luz. 'Esta mazmorra es suficiente para mí,' te dices a ti mismo. 'No hay luz más brillante que ésta. No quiero nada más.' Aun si alguien te contara acerca de la brillante luz del sol que se puede gozar fuera de ese recóndito calabozo, tu dirías: 'No, no puede ser verdad.' Pero el sol existe y su luz es la verdad. ¿Cómo podría dejar de existir, sólo porque ocurre que tú la niegas? El problema yace dentro de ti, y no tiene nada que ver con el sol ni con su luz. Tú tienes que salir y experimentar la luz. Pero tú te sientes seguro dentro de la mazmorra y temes salir. Te preocupa lo que podría pasar si salieses. Tu preocupación es comprensible, porque no sabes nada acerca de lo que hay más allá de la mazmorra. En tu situación, no tienes otra fuente de información, excepto las palabras de la persona que te dice: 'Mira, amigo mío, ¡hay un mundo maravilloso y radiante allí afuera! Está lleno de luz del sol, hermosas montañas y hermosos valles, ríos chispeantes, árboles en flor; hay una luna e innumerables estrellas titilantes para ver. Ven conmigo. Yo sé todo sobre eso porque yo vivo allí. Ven, amigo mío, yo te ayudaré a ser libre.' Tú sólo tienes que confiar en él y creer en sus palabras. Entrégate a él y da algunos pasos valientes, para que puedas saber de qué está hablando. Él te dice: 'Mi amigo, tú no eres libre en absoluto; estás prisionero, atado con cadenas. Sígueme, y yo te mostraré el sendero a la libertad. Toma mi mano y yo te conduciré allí.'

"Nada ocurrirá si tú te resistes diciendo: '¡No, no es verdad! Esta mazmorra es el mundo más hermoso que hay. Yo prefiero estar aquí. Esta luz es la única luz, y, en lo que a mí se refiere, no hay tal cosa como el sol, la luna o las estrellas.'

"Sin embargo, tarde o temprano la cárcel misma está destinada a crear un ansia instintiva dentro de ti, un anhelo de experimentar la bienaventuranza de la libertad. Todo ser humano, consciente o inconscientemente, tiene un deseo de ser libre y de estar en paz en toda circunstancia. Por lo tanto, en algún momento, está destinada a producirse una ruptura.

"La vaina auto-creada del ego debe romperse para que el corazón pueda expresarse plenamente.

"Pero el ego puede romperse solamente a través del dolor del amor. Así como el brote surge cuando se rompe la vaina externa de la semilla, así se despliega el *Atman* cuando el ego se rompe y desaparece. Cuando se crea una atmósfera propicia, el árbol en potencia que se encuentra dentro de la semilla comienza a sentir la incomodidad de estar apresado en la vaina. Ansía salir a la luz y ser libre. Es el anhelo intenso del árbol latente en el interior lo que rompe la vaina. Hay dolor en esta ruptura de la vaina exterior. Pero ese dolor no es nada en relación a la gloria del árbol manifestado. Una vez que emerge el brote, la semilla se vuelve insignificante. De modo similar, una vez que se alcanza la Auto-Realización, el ego pierde toda su importancia.

"Hijo mío, si tú crees que el ego es tan preciado, puedes conservarlo. Pero tu turno llegará. Tu corazón cerrado, tu ego, no puede permanecer cerrado por siempre — tiene que abrirse. Sin embargo, no puede usarse ninguna fuerza para que tenga lugar esta apertura.

"No pienses que el mundo va a desaparecer cuando tú te quedes sin ego, o sea, una vez que el pimpollo del ego se haya transformado en la flor de la Auto-Realización. El mundo seguirá siendo como es. Pero tú lo verás de manera diferente. Un nuevo mundo se abrirá ante ti — un mundo de maravillas y belleza celestial quedará descubierto dentro de ti.

"Dentro del capullo del ego hay oscuridad y estrechez. Cuando el capullo desaparece y emerge la flor, todo se torna bello e impregnado de la luz más gloriosa. Tú sales de la oscuridad para entrar a la luz radiante, sales del aprisionamiento a la libertad, de la ignorancia al verdadero conocimiento. Este mundo de diversidad se transforma en perfecta unidad. Ocurre dentro de ti, no externamente."

Sólo ocurre en la presencia de un verdadero Maestro

Pregunta: "Amma, Usted dice que esta apertura no puede ser forzada. ¿Qué hace entonces el maestro para que se produzca esta apertura?"

La Madre: "Un verdadero maestro es una *presencia*, la presencia de la Conciencia divina. Él no hace nada. En su presencia todo simplemente sucede, sin ningún esfuerzo de su parte. Sólo puede haber esfuerzo donde hay un ego. Un verdadero maestro es sin-ego. No hay por lo tanto ningún esfuerzo por parte del maestro. Incluso las situaciones que permiten al buscador sumergirse dentro de su propia conciencia surgen en la presencia del maestro. Así es sencillamente como es — no puede ser de otra manera. El sol no hace ningún esfuerzo para crear su luz; y no obstante, el sol no puede hacer ninguna otra cosa más que brillar. Una flor no hace ningún esfuerzo para tener fragancia; ser fragante es simplemente parte de su naturaleza. Un río no hace ningún esfuerzo para fluir; sencillamente fluye. Todo es tan natural. Los seres humanos crean cosas no-naturales, pero la naturaleza puede ser solamente natural. Del mismo modo, el maestro perfecto no hace nada en particular para crear una situación apropiada para tu progreso. Su misma presencia hace lo que se necesita que ocurra de forma espontánea. No hay esfuerzo alguno de parte suya. Su presencia es la atmósfera más propicia para que se produzca la apertura de tu corazón. Así es como es.

"El sol no hace nada en particular para que florezca una flor de loto. El sol simplemente brilla en el cielo, y por medio de su mera existencia, todos los lotos que hay en los estanques y lagos de la tierra se abren. El sol no está haciendo nada — sencillamente brilla. No hay ningún esfuerzo involucrado. Del mismo modo, la presencia de un maestro perfecto es como el sol radiante que hace que florezca el loto de nuestro corazón. No es una cuestión de fuerza. Su presencia infinitamente amorosa y compasiva tiene el poder de derretir la roca del ego. El ego se derrite y se crea una corriente de amor supremo. El maestro no está haciendo nada.

"Enormes bloques de hielo se derriten al calor del sol. Las masas de hielo en los picos de los Himalayas se derriten y corren bajando hasta los valles. Se convierten en ríos y arroyos donde la gente puede beber y bañarse. La presencia del *Satgurú* puede derretir fácilmente nuestros egos duros como roca y crear un maravilloso torrente de amor y compasión universales.

"No hay ningún esfuerzo involucrado en la presencia del maestro. Él simplemente está allí. En su divina presencia todo ocurre espontáneamente. La tierra no fuerza nada sobre nosotros, ni tampoco lo hace el sol, la luna, las estrellas, ni nada en la naturaleza. Todo simplemente es. Sólo los seres humanos egoístas e interesados tratan de forzar las cosas unos con otros.

"En tanto y en cuanto uno esté identificado con su cuerpo, uno tratará de forzar las cosas; pero cuando se va más allá del cuerpo no se puede forzar nada. Cuando uno va más allá del cuerpo, cuando uno se vuelve sin-cuerpo, ello significa que uno es sin-ego. El usar la fuerza entonces se torna imposible.

"Debido a la presencia del sol en el cielo, innumerables cosas suceden en la tierra. El sol es la fuente de la energía necesaria para que exista la creación. Sin el sol y sus rayos, ni los humanos, ni los animales, ni las plantas podrían existir. Pero el sol no está forzando nada a nadie. El sol es — y por su mera existencia todas las cosas sencillamente suceden.

"Es lo mismo con un maestro perfecto. El sol que vemos en el cielo es sólo una pequeña manifestación de la Conciencia infinita. El poder del sol es una minúscula fracción de toda la energía cósmica. El maestro, sin embargo, es *Purnam* (el Completo, el Pleno). Él es esa Conciencia infinita misma. Cualquier cosa que se necesita para la evolución humana ocurre automáticamente en su presencia. Él no necesita usar ninguna fuerza.

"Un maestro perfecto es la totalidad de todo lo que es vida, manifestado en forma humana. En su presencia se experimenta la vida en toda su intensidad y vibración."

Todo el mundo estaba profundamente absorto y atento mientras la Madre hablaba. Era como si el manantial del conocimiento estuviera fluyendo desde su misma fuente, como el sagrado Ganges fluyendo hacia abajo desde los picos himaláyicos hacia los valles, permitiendo que todos se bañen en sus aguas dulces y santas. Sentándose en quietud y mirando el rostro radiante de la Madre, gradualmente todos entraron en profunda meditación. Sólo más tarde, cuando la Madre empezó a cantar un *kirtan*, ellos se tornaron conscientes de lo que había a su alrededor. La Madre cantó una canción, creando beatíficas ondas de amor supremo.

Kodanukoti

Oh, Verdad Eterna,
Durante millones de años
La humanidad ha estado buscándote.

Los sabios espirituales de la antigüedad
Renunciaron a todo,
Y con el propósito de hacer fluir su Ser
Hacia Tu divina corriente
Ellos pasaron por interminables años de austeridades,
A través de la meditación,

Tu llama infinitesimal,
Inaccesible a todos,
Brilla como el resplandor del sol;
Permanece perfectamente quieta, sin una onda
En el viento feroz de un ciclón.

Las flores y las enredaderas,
Los santuarios y los templos,
Con sus sagrados pilares recién instalados,
Han estado esperando por ti por eones
Y aun así Tú permaneces inalcanzable.

La Madre se quedó en silencio durante algún tiempo mirando el cielo, y entonces continuó su dulce y profunda conversación.

El amor solo puede existir donde no hay fuerza

"La verdadera vida — el vivir real y significativo — casi ha desaparecido de la faz de la tierra. Los seres humanos y la sociedad toda se han tornado mecánicos y sin sentimientos. Las negociaciones y la competencia predominan por todas partes. Se las puede ver incluso en las familias, donde debería haber una atmósfera de profundo amor e interés mutuo, y donde la vida fue hecha para ser experimentada en toda su plenitud. El hombre, con su egoísmo y codicia, y con su falta de amor y compasión, se ha convertido en una máquina sin corazón, familiarizada sólo con forzar e imponer.

"La mente mecánica del hombre gusta de usar la fuerza. Hemos crecido acostumbrados al egoísmo, a la competencia, al enojo, al odio, los celos y la guerra. Nuestra familiaridad con el amor es sólo superficial. Estamos más vinculados con las tendencias negativas y solamente sabemos cómo forzar e imponer. La fuerza, sin embargo, destruirá toda posibilidad de que el amor crezca.

"Sólo la ira y el odio pueden forzar. Tomad la guerra por ejemplo. La guerra es una manera extrema de utilizar la fuerza. La guerra es la suma total de la ira, el odio, la revancha, y todos los sentimientos negativos de una población. Cuando la mente colectiva de un país entra en erupción como un volcán, lo llamamos guerra. Los países en guerra tratan de forzar sus ideas y condiciones uno al otro.

"El amor no se puede forzar, pues el amor es la presencia de Conciencia pura. Y esa presencia no se puede forzar — simplemente es.

"El amor real se experimenta cuando no hay condiciones. Tener condiciones es forzar. Pero donde el amor está presente, nada puede forzarse. Las condiciones existen únicamente donde hay división. La fuerza se usa donde hay dualidad, donde hay un sentimiento de 'tú y yo.' Uno utiliza la fuerza porque se percibe que el otro es diferente de uno. Pero la fuerza no puede tener lugar cuando sólo hay Uno. La misma idea de fuerza desaparece en ese estado. Entonces uno simplemente es. La fuerza vital universal fluye a través de vosotros; os convertís en un pasaje abierto. Permitís que la Conciencia suprema se haga cargo de vosotros.

Quitáis lo que haya estado obstruyendo la corriente; quitáis el bulto auto-creado permitiendo así que el río del amor, que todo lo abarca, corra su curso.

Como el sol brillante y el viento que siempre sopla

"Es como si os habéis encerrado en una habitación por un largo tiempo; y ahora, por fin, abrís todas las puertas y ventanas. Vosotros habéis estado quejándoos, diciendo: '¿Por qué no hay sol en esta habitación? ¿Y por qué no sopla la brisa aquí?' Pero ahora os dais cuenta qué era lo que obstruía la luz y la brisa. El sol siempre estuvo brillando y el viento siempre estuvo soplando. Ellos nunca se detuvieron. Mientras vosotros estabais sentados dentro de la habitación con todas las puertas y ventanas cerradas, os pasabais el tiempo protestando y culpabais al sol y al viento por alejarse de vosotros. Ahora os dais cuenta que la falla se encontraba enteramente dentro de vosotros, y no en el sol o en el viento. De modo que abrís las puertas y las ventanas permitiendo que la brisa y la luz entren.

"Cuando os abráis, encontraréis que el sol siempre estuvo brillando y que el viento siempre estuvo soplando, llevando la dulce fragancia de la Divinidad. No hay condiciones y no se utiliza ninguna fuerza. Sencillamente dejáis que se abra la puerta de vuestro corazón, la puerta que nunca estuvo cerrada. Siempre ha estado abierta, pero en vuestra ignorancia pensabais que estaba cerrada.

"La expresión común es: 'Te amo.' Pero, en lugar de 'te amo,' sería mejor decir: 'Yo soy amor — Yo soy la personificación del amor puro.' Quitad el yo y el tú, y encontraréis que sólo hay amor. Es como si el amor estuviese aprisionado entre el yo y el tú. Quitad el yo y el tú, pues ellos son irreales; son muros auto-impuestos que no existen. El abismo entre yo y tú es el ego. Cuando se elimina el ego la distancia desaparece y el yo y el tú también desaparecen. Ambos se funden para hacerse uno — y eso es amor. Sois vosotros quienes les dais al yo y al tú su realidad. Retirad vuestro respaldo y ellos desaparecerán. Entonces realizaréis, no que 'yo te amo,' sino que 'yo *soy* ese amor que todo lo abarca.'

"Hijos míos, siempre que estéis pasando por un momento difícil en la vida, pensad de vosotros: 'No espero ningún amor de los demás, porque no soy alguien que necesita ser amado por otros. Yo soy el amor mismo. Soy una fuente inagotable de amor, que siempre continuará dando amor, y nada más que amor, a todos los que lleguen a mí.'

"La presencia de un maestro perfecto es la presencia del Amor Divino. El Amor Divino no se puede forzar — simplemente está allí, para nuestro beneficio. Ni siquiera el amor mundano puede ser forzado; ¿qué puede decirse, entonces, acerca del Amor Divino, que está más allá de todas las limitaciones?

"Cuando dos amantes se encuentran y se enamoran, ellos no hablan de términos o condiciones antes de empezar a amarse. Si algún intercambio de esa naturaleza llegara a tener lugar, el amor no podría ocurrir. Cuando los amantes se ven uno al otro sus corazones espontáneamente desbordan; ellos son irresistiblemente atraídos el uno por el otro. No hay ninguna fuerza ni ningún esfuerzo involucrados, ninguna palabra ni condición. El amor tiene lugar cuando no forzáis nada, cuando estáis plenamente presentes sin ningún sentimiento de 'yo y mío' obstruyendo el fluir. El más leve uso de fuerza destruye la belleza del amor, de tal forma que el amor no puede suceder."

Capítulo 9

Sentid el dolor de aquellos que sufren

Esta mañana, durante el *darshan*, una devota, quien parecía ser muy pobre, oraba a la Madre con lágrimas en los ojos: "Amma, hay una terrible enfermedad de aves de corral difundiéndose por toda mi aldea, y mis propias gallinas han caído enfermas. ¡Amma, por favor sálvelas!"

Esto no le gustó a un *brahmachari* que estaba sentado junto a la Madre. Él pensó: "¡Qué queja más tonta! En un día con tanta gente que ha venido para ofrecer sus reverencias a la Madre, ¿por qué tienen que molestarla hablando de cosas tan triviales?" En el momento en que este pensamiento pasó por su mente, la Madre, que había estado consolando a la mujer, le dirigió una severa mirada al *brahmachari* y le dijo: "Aprende a comprender las aflicciones y los sentimientos de los demás." El *brahmachari* se puso pálido. Quedó perplejo al darse cuenta cuán instantáneamente la Madre pudo atraparlo, leyendo sus pensamientos.

A Su manera espontánea y afectuosa La Madre consoló a la mujer. Le dio cenizas sagradas para que las pusiera sobre sus gallinas enfermas. La mujer sonrió aliviada y, habiendo recibido el *darshan* de la Madre, salió de la cabaña con felicidad.

Cuando la mujer se hubo ido, la Madre se dirigió al *brahmachari* y dijo: "Hijo, tú no puedes entender el sufrimiento de esa hija. ¿Sabes algo acerca de las dificultades y las aflicciones por las que pasa la gente en este mundo? Si supieras, no hubieras considerado que su queja era tonta o insignificante. Nunca has conocido las penas de la vida. Sólo si tú mismo has experimentado sufrimiento podrás comprender la preocupación de esa hija por sus gallinas. Su única forma de ganarse la vida es vendiendo los huevos de esas gallinas. Si ellas mueren, su familia morirá de hambre. Esas gallinas lo son todo para ella — son toda su riqueza. Cuando Amma piensa en la vida dura que lleva esa mujer, Ella no puede pensar que la preocupación de esa mujer es insignificante de modo alguno. Con el poco dinero que logra ahorrar de la venta de huevos, ella visita a Amma una o dos veces por mes. Porque Amma conoce sus dificultades, el ashram a veces le paga el boleto del autobús. Su vida es difícil, pero mira su auto-entrega y su amor por Amma. Trata de ver y aprender de su simplicidad e inocencia. Cuando Amma piensa en gente así, el corazón de Amma se derrite y le resulta difícil controlar sus lágrimas. Aquellos que siempre han tenido abundante comida para apaciguar su hambre no pueden entender el hambre de una persona hambrienta.

"Sabes, hijo, hay tres clases de personas en este mundo. Están aquellos que no tienen nada; luego están quienes van tirando apretadamente; y la tercera clase son aquellos que tienen mucho más de lo que necesitan. Ahora, si aquellos que pertenecen a la tercera categoría no hacen nada para ayudar a quienes están en las dos primeras, entonces Amma diría que los de la tercera categoría, que se supone que son ricos, son, en realidad, los más pobres de los pobres. Aquellos que poseen mucho más de lo que necesitan deberían tener ojos para ver el sufrimiento de otros; deberían tener oídos con los cuales poder oír las angustiadas llamadas de auxilio; deberían tener un corazón amoroso para sentir compasión por esos que sufren, y manos voluntariosas con las cuales prestar asistencia a quienes la necesitan. Hijos, ¡escuchad las desesperadas llamadas de auxilio! Ningún dolor es insignificante. Para poder realmente oír sus palabras sobrecogidas por el dolor necesitáis tener un corazón compasivo, un corazón que os permita ver y sentir el sufrimiento de los demás como si fuera el vuestro. Tratad de bajar al nivel de ellos y sentir las vibraciones de sus apenados

corazones. Si no podéis hacer esto, entonces todas las prácticas espirituales que hacéis son un inútil desperdicio."

Al oír las convincentes palabras de la Madre el *brahmachari* quedó lleno de remordimiento. Con lágrimas en sus ojos buscó perdón por el error que había cometido.

Desde el comienzo del *darshan*, un joven había estado mirando intensamente a la Madre. Él era un profesor universitario de Nagpur. El día que había llegado al ashram había estado apurado y había dicho: "Sólo voy a tener el *darshan* de la Madre y me marcharé. Tengo asuntos urgentes que atender tan pronto como regrese a Nagpur." Pero varios días ya habían pasado, y él todavía estaba en el ashram. La Madre les dijo a los otros devotos: "Todos los días viene y le dice a Amma: 'Me voy hoy,' y todos los días Amma le da permiso para marcharse. Amma le dice: 'Muy bien, hijo, ve y regresa aquí otra vez.' Pero él nunca se va."

El profesor universitario, que no hablaba malayalam, no entendía de qué estaba hablando la Madre. Pero como todos lo miraban a él, adivinó que la Madre estaba hablando de él. Un devoto fue en su auxilio y tradujo lo que la Madre acababa de decir. Él respondió: "No me voy en absoluto. Entonces, ¿qué decir acerca de irme y volver?"

La Madre respondió sonriendo: "Pero Amma también conoce el truco para ahuyentarte."

Todos se rieron.

Mientras el *darshan* continuaba, los *brahmacharis* cantaron:

Prema Prabho Lasini

Oh, Diosa1
Quien disfruta la bienaventuranza inmortal
Quien se deleita en el brillo del amor
Y de cuya sonrisa como flor
Emana la luz de la bienaventuranza...

Tú eres aquella
Que, con las olas del río
De bienaventuranza inmortal
Acaricia a aquellos que están buscando el sendero
De una vida no tocada por el miedo al pecado.

Tus pies de loto
Espléndidamente envueltos por la luz
Del Ser supremo,
Están otorgando buenos auspicios
Al destruir el cautiverio del devenir.

Que Tú arrojes esa luz indestructible sobre mí
Cuyo corazón se inclina ante ti
Para que yo pueda fundirme con el Alma universal.

El sentimiento de esclavitud

Un *brahmachari* hizo una pregunta. "Amma, las Escrituras dicen que el sentimiento de 'yo y tú' es irreal, que es un muro auto-impuesto que no existe, y que nosotros mismos le damos realidad. Si es irreal, y si todo es uno, ¿por qué, entonces, estoy sintiendo la diferencia?"

La Madre: "Es tu ignorancia acerca de la unidad con el Todo lo que causa la diferencia. En realidad, no hay cautiverio, no hay muro que te separa de tu naturaleza divina. El muro, o la esclavitud, es una ilusión creada por la mente. Elimina la ilusión, y tu mente desaparecerá simultáneamente.

"Había un muchacho pastor de vacas que llevaba las vacas a las praderas todas las mañanas y las traía de regreso al establo por la noche. Antes de marcharse para descansar, él se aseguraba que todas las vacas estuvieran adecuadamente atadas a sus postes. Una noche, encontró que a una de las vacas le faltaba su soga. El muchacho estaba en un aprieto. No podía dejar la vaca desatada ya que ésta probablemente correría y se perdería, y como ya estaba oscuro era demasiado tarde para ir a comprar una soga nueva. El muchacho fue al monje que estaba a cargo del lugar, y le pidió consejo. El monje le dijo: 'No hay de qué preocuparse. Tan sólo regresa a la vaca, párate cerca de ella y simula que la estás atando. Asegúrate que la vaca te vea haciéndolo, y eso será suficiente. La vaca se quedará donde está.'

"El muchacho volvió al establo e hizo como el monje le había dicho. Simuló que estaba atando la vaca al poste. Cuando regresó a la mañana siguiente, encontró, para su sorpresa, que la vaca había permanecido absolutamente quieta durante toda la noche. El muchacho desató todas las vacas como siempre y estaba a punto de irse a las praderas, cuando notó que la vaca a la cual le faltaba su soga estaba todavía tendida junto al poste. Trató de persuadirla para que se reuniera con el resto de la manada, pero ella no quiso moverse. El muchacho estaba perplejo. Una vez más fue a buscar consejo con el monje. El monje escuchó al muchacho y sonrió. 'Mira, hijo mío,' dijo, 'la vaca todavía piensa que está atada al poste. Ayer cuando no encontraste la soga, tu simulaste que la atabas. Esta mañana tú desataste todas las vacas excepto ésta en particular. Tú pensaste que no era necesario, ya que ella en realidad no estaba atada. Pero debido a tu pequeño acto de la noche anterior, la vaca aún cree que está atada al poste. De modo que ahora tienes que regresar y simular que la estás dejando en libertad.' El muchacho volvió a la vaca y simuló que la desataba. La vaca inmediatamente se levantó y corrió hacia fuera para unirse a la manada.

"Nosotros estamos en una situación similar. El cautiverio, o el muro de separación, es auto-creado. El muro ha sido creado por el ego, pero el ego es también irreal — es una ilusión que no tiene existencia propia. Parece ser real debido al poder que deriva del *Atman*. Está animado por el *Atman*. El ego puede ser comparado con materia muerta, pues sin el Ser supremo es inconsciente. Dejad de dar importancia alguna al ego. Aprended a ignorarlo. Entonces se retirará y desaparecerá. Nosotros le damos al ego irreal su realidad. Exponedlo y eso será su fin.

"En virtud de nuestra ignorancia, creemos que estamos atados igual que la vaca, cuando, en realidad, somos completamente libres. Sin embargo, debemos estar convencidos de esto. Cuando se suprime la ignorancia acerca de nuestro verdadero ser y de nuestra libertad, la esclavitud también desaparece.

"Amma sabe de un hombre que estuvo encadenado por mucho tiempo. Estaba completamente loco y tuvo que permanecer en un hospital mental. Finalmente, fue llevado a su casa. Pero tuvieron que encerrarlo en una habitación, con sus manos atadas detrás de la espalda. Sus manos estaban atadas así porque a menudo se ponía violento y atacaba a la gente. Después de muchos años de tratamiento, finalmente se recuperó. Pero aun hoy uno puede ver que todavía conserva sus manos detrás de la espalda como si estuvieran atadas allí. Cuando Amma lo conoció, él le dijo que después de todo este tiempo él sigue sintiendo como si sus manos estuviesen atadas detrás de su espalda. Siempre que alguien le ofrece una taza de té, o cuando está a punto de comer, a su mente le resulta difícil mover sus manos. Le lleva algunos segundos comprender que sus manos ya no están atadas a su espalda. Ocasionalmente, otros tienen que recordarle que sus manos están libres. Sus manos están libres, pero él necesita que se lo recuerden. No hay cautiverio real; hay sólo un cautiverio auto-impuesto.

"Es lo mismo con nosotros. En tanto y en cuanto haya un sentimiento de cautiverio, necesitamos la ayuda de un maestro perfecto que pueda mostrarnos el camino y decirnos: 'Mira, no estás atado en absoluto. Tú eres el *Atman* todopoderoso, el Ser superior. Sal de la ilusión y remóntate en los cielos de la Conciencia suprema.' El maestro simula que desata la soga que os ata al poste de los objetos y placeres mundanos. Una vez que la ilusión se elimina, vosotros os dais cuenta de que siempre habéis estado en esa Conciencia, que nunca, jamás, os habéis extraviado de ella.

"La guía de un maestro perfecto y su presencia es la luz que ilumina vuestro sendero. Su presencia os ayuda a ver el muro auto-creado del ego. Entendiendo la naturaleza ilusoria de vuestro cautiverio, éste puede ser suprimido fácilmente. Vuestro entendimiento incorrecto respecto a vuestra relación con la gente, con el mundo, y con los objetos del mundo, crea el cautiverio."

Una unidad — no una relación

Pregunta: "Amma, ¿está Usted diciendo que las relaciones causan el cautiverio?"

La Madre: "Sí, una relación crea en efecto el cautiverio, si uno no tiene el entendimiento y el discernimiento apropiados. Pero la verdad es que una relación sólo puede existir mientras haya una percepción de que hay dos. Una vez que llega la realización del Ser superior (del *Atman*), no puede haber cuestión de relación, porque los dos desaparecen. Desde ese momento en adelante, hay sólo unidad, y total desapego.

"Cuando todos los sentimientos de dualidad desaparecen, todas las relaciones también desaparecen. Dos individuos, dos familias, o dos naciones pueden tener una relación; pero cuando todo es Uno, ya no puede haber una relación. Entonces, hay solamente Uno, hay una Conciencia que lo abarca todo. Las relaciones atan, mientras que la Conciencia perfecta del Ser superior os libera de toda esclavitud. En una relación sois como un pájaro enjaulado. La Auto-Realización os permite salir de la jaula del ego y os libera.

"El cuerpo y sus distintas partes, aunque aparentemente diferentes, son uno, una unidad. Las manos, las piernas, los ojos, la nariz, los oídos, y todos los órganos internos, son parte del todo. Es una unidad, un cuerpo — no una relación. Del mismo modo, las ramas, las hojas, las flores y los frutos de un árbol son todas partes de todo un único árbol. No podéis llamar a eso relación.

"Cuando el muro auto-creado del ego se retire, os daréis cuenta que la naturaleza dualista del mundo es sólo una apariencia externa, y que, en esencia, todas las cosas son un todo, una sola unidad.

"Al mundo exterior se le da demasiada importancia, mientras que al mundo interior se lo ignora. Esto sólo servirá para incrementar la densidad de nuestra ignorancia. Si ponemos demasiado énfasis en nuestra relación con el mundo externo, mientras ignoramos el mundo interno, ello acrecentará el abismo entre nosotros y nuestro verdadero Yo."

La Madre dejó de hablar y pidió a los *brahmacharis* que cantasen. Ellos cantaron

Sukhamenni Tirayunna

Tú, que estás buscando
La felicidad por todas partes,
¿Cómo la encontrarás
Sin desechar tu vanidad?

Hasta que la compasiva,
La Madre del Universo,
Brille dentro de tu corazón
¿Cómo puedes ser feliz?
La mente
En la cual no está viva
La devoción por Shakti,

El poder supremo,
Es como una flor sin fragancia.

Una mente así será forzada
A dar vueltas en aflicción
Como una hoja
Movida por las olas
Del agitado océano.

No quedes atrapado en las garras
Del buitre conocido como destino,
Adora al Ser en reclusión,
Deja de esperar los frutos
De tus acciones,
Adora la forma del Ser universal
En el capullo de tu corazón.

No culpéis a las circunstancias

Cuando la canción hubo llegado a su fin, la Madre continuó hablando.

"La tendencia natural en los seres humanos es encontrar faltas en las situaciones de la vida. Siempre nos quejamos acerca de las circunstancias, culpando al mundo por nuestras penas, nuestros sufrimientos y nuestro miedo. Este hábito de quejarnos y de ver faltas en el mundo exterior, y en las circunstancias que el mundo crea, se debe a nuestra ignorancia de nuestro verdadero ser, que nosotros somos el Ser supremo (el *Atman*). El *Atman* está más allá de toda limitación, no afectado por nada que nos pase a nosotros, ya sea bueno o malo.

"Un hombre caminaba por una plantación de mangos. De repente, un mango podrido cayó sobre su calva cabeza aplastándose sobre ella. La cabeza le quedó cubierta de jugo de mango podrido, el que incluso empezó a chorrear por sus mejillas. El hombre se puso furioso y comenzó a maldecir al mango y al árbol de mangos, y también al pájaro que lo había picado y provocado así su caída; sobre todo, ¡dirigió sus maldiciones a la fuerza de gravedad misma! ¿No sería tonto hacer algo así? Nos convertiríamos de esa manera en el hazmerreír de todos. Pero visto desde un nivel de conciencia más elevado, esto es exactamente lo que estamos haciendo.

"Si tomamos el ejemplo anterior y pensamos por un momento, encontraremos que la situación, en sí misma, claramente no puede ser culpada. ¿No sería absurdo maldecir la ley de gravedad? ¿O al árbol y al ave? ¿Cómo se supone que va a cambiar la ley de gravedad? Podrido o no, un mango no puede caerse hacia arriba. Tiene que caerse hacia abajo porque ésa es la ley de la naturaleza. Cuando los mangos maduran, o bien caen del árbol por sí mismos, o a veces son picados por un pájaro que los hace caer. Nadie, con siquiera un poco de inteligencia, los culparía por esto. Ver la situación de esa manera sería obviamente un error. Una vez que percibamos esto de un modo más profundo y más sutil, y que aprendamos a aceptar las situaciones de la vida, más bien que pelear en contra de ellas, descubriremos que la vida es extremadamente hermosa.

"No culpéis a las circunstancias y no culpéis a los demás. Eliminad vuestras propias debilidades. Vuestros fracasos y vuestros sentimientos heridos, vuestros miedos y vuestros problemas, son todos debido a alguna debilidad dentro de vosotros, y a esta debilidad se la conoce como ignorancia. Vosotros os identificáis con vuestros pensamientos que están basados en un concepto erróneo, en una mala interpretación.

"La siguiente historia ayudará a comprender la naturaleza ilusoria del mundo. Después de haber realizado el *rajasuya yagna* (el festival real de caridad), los Pándavas invitaron a su primo,

Duryodhana, y a sus hermanos a quedarse en Indraprashta, la morada real de los Pándavas, por algunos días más, a lo cual Duryodhana accedió. Un día, ellos estaban mirando el hermoso palacio, que había sido diseñado con toda habilidad. En una de las salas el piso estaba tan lustrado y transparente que parecía un pequeño lago con brillantes olas en su superficie. Duryodhana y sus hermanos quedaron tan engañados por esto que se desvistieron con la intención de cruzar el lago a nado. Cuando Draupadi y Bhima vieron esto se rieron, porque no había ningún lago ni agua alguna allí.

"En otro palacio, ellos pensaron que el piso se veía como cualquier piso común y corriente y empezaron a caminar sobre él sin un momento de vacilación. Pero ese sitio era, en realidad, un lago, aunque no lo parecía. Los hermanos simplemente se metieron en él caminando y cayeron al agua con un chapoteo. Se empaparon completamente. Todo el lugar estaba tan inteligentemente diseñado que Duryodhana y sus hermanos fueron totalmente engañados.

"Esto puede compararse con el mundo. El mundo entero ha sido tan fantásticamente diseñado y decorado por el Creador que, si no nos movemos con cautela, somos fácilmente engañados. Deberíamos dar cada paso en pleno estado de alerta.

"Algunos sitios, algunas situaciones y experiencias pueden parecer normales, inofensivos y maravillosos. Pero mirad con cuidado, sed observadores y vigilantes, porque lo que se ve en la superficie puede ser sólo una cobertura. El encanto y la belleza pueden ser solamente superficiales; y justo debajo de esa cobertura hermosamente decorada puede estar escondido un gran peligro.

"Otro lugar, otra situación o experiencia puede parecer algo peligroso. Uno puede crear un griterío y tomar toda clase de precauciones si se ve forzado a enfrentarlo. Pero puede terminar siendo algo muy normal, e incluso constructivo. Tales cosas pasan en la vida. Somos engañados más de mil veces, y aun así, no aprendemos nuestra lección. Incluso después de innumerables decepciones, la gente continúa corriendo detrás de todo tipo de cosas. Éste es el extraordinario poder de *Maya*. "El mundo no es el problema. El problema reside dentro de nosotros. De manera que sed vigilantes, y veréis las cosas con mayor claridad. La vigilancia os proporciona una mente y unos ojos más penetrantes, para que no podáis ser engañados. Lentamente os acercará a vuestro verdadero ser, a la bienaventuranza del *Atman*.

"La bienaventuranza es nuestra verdadera naturaleza, no la tristeza. Pero algo nos ha ocurrido. Todo ha sido puesto al revés. La felicidad se ha convertido en un estado 'extraño,' mientras que a la aflicción se la considera normal.

"Hay un viejo músico que frecuentemente visita el ashram. Él es un hombre muy feliz, siempre riendo, haciendo bromas y moviéndose libremente con la gente. Él está siempre gozoso. Cuando la gente ve lo feliz que es, lo acusan de ser mentalmente anormal. Amma conoce bien a este hijo. Él está perfectamente bien, es un alma buena. Pero este gozo es extraño a los demás. Si alguien está feliz, la gente inmediatamente sospecha. Quieren saber por qué se ve tan feliz, como si fuera algo antinatural. Sólo cuando estamos tristes se cree que estamos 'normales.' Ésa es la razón por la que Amma dice que todo ha sido puesto al revés. ¡Qué pena! La gente, que es esencialmente gozosa y armoniosa, cree que la felicidad es antinatural, y que el único estado natural es el dolor y la tristeza."

Como el *darshan* estaba llegando a su fin, los *brahmacharis* cantaron otra canción:

Asa Nasi Katora

Oh, mente,
Tú eres un activo puerto de deseos
Constantemente zarandeado por su afluencia.
Ten cuidado, no te ahogues
En el profundo océano de tristeza;
Haz *arati* al *Atman* en cambio;
Mantén tu atención enfocada en el Ser supremo.

Ten cuidado,
Si continúas de esta manera
Sin ningún respaldo real
Caerás al final
Y estarás lleno de remordimiento.

Si anhelas la bienaventuranza eterna,
Si codicias la liberación,
Entonces medita
Oh, mente, medita en tu origen.
Medita en el océano de bienaventuranza interior,
Renuncia a tus cualidades demoníacas
Y sigue las enseñanzas de los cánticos divinos.

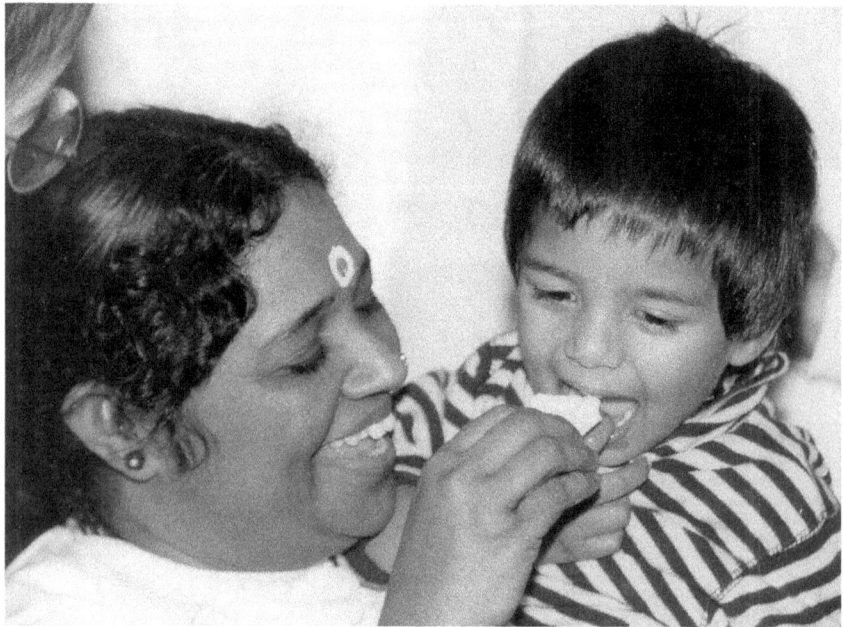

Capítulo 10

Un toque curativo

Un joven estaba sentado en la galería del templo viejo, con su cabeza descansando entre sus rodillas. Sucedió que la Madre pasó caminando por allí, y cuando lo vio así sentado se acercó a él. El joven, perdido en sus pensamientos, no fue consciente de la presencia de la Madre. La Madre le dio amorosamente unos golpecitos en el hombro diciendo: "Hijo." El hombre miró hacia arriba y se asustó al ver a la Divina Madre parada enfrente de él. Había una mirada de profunda agonía en sus ojos. La Madre le sonrió, suavemente tocó su pecho y dijo: "Ira...la ira es veneno. Deberías controlarla." Hubo un obvio sobresalto en el rostro del joven. Cubrió su cara con sus manos y empezó a llorar. La Madre lo miró y su afecto maternal desbordó. Suavemente puso la cabeza del joven sobre su hombro y la acarició diciendo: "Hijo, ¡no te preocupes! Todo va a estar bien. Amma se encargará de todo."

El hombre tenía un muy mal genio, y ese día en particular había tenido una gran pelea con su esposa. Finalmente sus padres interfirieron. Ellos apoyaron a su esposa sabiendo que ella era una inocente víctima de sus frecuentes ataques. La interferencia de sus padres aceleró su enojo. Él les gritó y los trató sin ningún respeto. Éste no fue un incidente aislado. Debido a su incontrolable ira, tales escenas eran bastante comunes en la casa. Él siempre lamentaba su error posteriormente y terminaba disculpándose con su esposa y con sus padres. Pero una y otra vez se encontraba desesperanzadamente sumergido en sus terribles estados de cólera. Finalmente, después del incidente de este día en particular, sus vecinos, que eran devotos de la Madre, le aconsejaron que fuera a verla. Así es como vino a ver a la Madre. Ahora es completamente otra persona. El mismo hombre que, a causa de su ira incontrolable, era un terror para su familia, es ahora un amoroso y cuidadoso esposo, hijo, y padre. Toda la familia visita a Amma para buscar sus bendiciones por lo menos una vez a la semana. Él dijo: "Después de ese primer toque de la Madre sobre mi pecho, yo sentí que algo muy pesado había sido levantado y retirado de mi corazón. Ese toque quitó de mi interior el veneno de la ira. Antes de esto, mi vida familiar había sido una pesadilla. Ahora, por la Gracia de la Madre, mi hogar se ha transformado en una morada de paz y felicidad. Toda mi familia se ha hecho devota de la Madre."

Innumerables incidentes similares han sucedido alrededor de la Madre. Millones de vidas han sido transformadas por su Gracia. Pero aunque Ella es una gran transformadora de vidas y una sanadora de corazones, la Madre sigue siendo un ejemplo maravilloso de total humildad y simplicidad.

Cómo superar el miedo

Alrededor de las cuatro de la tarde, mientras todos estaban sentados frente al templo viejo, un joven abogado le hizo una pregunta a la Madre. "Amma, parece que se da por sentado que el miedo es parte de la existencia humana. La gente teme por todo: por su trabajo, por la seguridad de su familia, tiene miedo de los demás y de la sociedad. El hombre ha creado todo un mundo de miedo a su alrededor. ¿Cómo pudo ocurrir esto? ¿Qué lo causa, y cómo podemos vencer estos miedos, los que carcomen toda la belleza de la vida desde adentro?"

La Madre: "Otra vez volvemos a la ignorancia. La ignorancia acerca de nuestra verdadera existencia en Dios, o el *Atman*, es la causa de todas las clases de miedos. La vida externa de un ser humano — no importa qué hace para mantener su existencia corpórea — debe ser vivida en concordancia con su existencia interior. Debería haber un equilibrio perfecto. Si el hombre le da más importancia a su cuerpo, como lo está haciendo ahora, y descuida su alma, él se preocupa y se pone ansioso, aferrándose fervientemente a falsas seguridades.

"Había un gran maestro que era adorado por cientos de miles de personas de todas partes del mundo. La gente estaba asombrada de su pureza, de su inocencia, y de la profundidad de su sabiduría. Él transformó muchas vidas a través de la belleza de sus enseñanzas y del amor y la compasión que manifestaba. Por curiosidad, sus discípulos y devotos solían pedirle que revelara la fuente de su conocimiento y de su pureza. Pero el maestro sólo les decía: 'Todo está contenido en el libro que heredaréis cuando yo deje mi cuerpo.'

"Un día el maestro dejó su cuerpo. Algunos días más tarde, sus discípulos empezaron a buscar el libro que él había mencionado y lo encontraron. Pero sólo había una página entre las tapas del libro, y sólo un único párrafo escrito en ella. Esto es lo que decía: 'Queridos, conoced la diferencia entre el recipiente y el contenido, y el verdadero conocimiento despertará dentro de vosotros, disipando todo miedo y oscuridad.'

"Hijos, el secreto yace en conocer que el cuerpo es el recipiente; y que el contenido, el alma, es diferente del recipiente. La leche es diferente de la vasija que la contiene. La vasija no es la leche, y la leche no es la vasija. El Auto-conocimiento eliminará todos los miedos innecesarios que sujetan nuestras vidas.

"Como seres humanos queremos comida, ropas y refugio. Esto es comprensible. Estas tres cosas son las principales preocupaciones de nuestro cuerpo, y estamos ansiosos de lograr que el cuerpo esté cómodo. Pero, ¿qué es el cuerpo? ¿De dónde proviene? ¿Cuál es el poder que se manifiesta a través de este cuerpo, haciendo que lo améis tanto? Pocas personas consideran esto, ni se interesan por ello. La gente cree que el cuerpo lo es todo, que no hay nada más allá de su existencia corporal. Esta actitud los hace extremadamente apegados al cuerpo y a la seguridad del mismo.

"Vuestro apego por el cuerpo causa miedo en relación a todo en vuestra vida. A medida que el apego al cuerpo aumenta, el ego también crece, con el simultáneo incremento de vuestro miedo. El apego al cuerpo os hace apegar a vuestro ego, porque creéis que vuestro cuerpo es lo más preciado que poseéis. Queréis protegerlo de cualquier cosa que pudiese dañarlo de alguna manera. Pensáis que la seguridad corporal es la única seguridad de la existencia. ¡Qué lástima que sea así! No entendemos que la existencia del cuerpo depende del alma.

"La naturaleza de ambos, del cuerpo y del alma, necesita comprenderse apropiadamente. El cuerpo está constantemente sujeto a cambio, mientras que el alma es inmutable. Sin el alma inmutable como su substrato, el cuerpo mutable no podría existir. El cuerpo siempre cambiante es perecedero, mientras que el alma inmutable es imperecedera. El alma imperecedera es la fuerza vital; es la raíz primaria que sostiene al árbol del cuerpo.

"Nuestro problema es que le damos demasiada importancia al cuerpo externo manifestado, e ignoramos completamente el Ser supremo no-manifestado, el origen de nuestra existencia. Podemos tratar de razonar con nosotros mismos diciendo: 'Veo solamente el cuerpo, y no el alma, y ésa es la razón por la cual le doy tanta importancia al cuerpo. ¿Cómo puedo creer en un alma que es invisible?' Pero esto es como decir: 'Sólo puedo ver el árbol, así que ¿cómo he de creer en la raíz que es invisible a mis ojos?' Ninguna persona con siquiera un poquito de inteligencia afirmaría algo así.

"Digamos que estáis mirando hacia un inmenso océano. Estáis conmovidos por lo que veis y pensáis: '¡Qué maravilloso es el océano infinito! Es tan inconcebiblemente profundo y vasto.'

"Pero sólo podéis ver la superficie — no podéis ver el mundo que existe debajo de la superficie, y no podéis ver su fondo. ¿No sería poco sabio si dijeras que el mundo que hay debajo de la superficie, y que el fondo del océano no existen, sólo porque ocurre que son invisibles desde donde vosotros estáis parados? La misma existencia de la superficie del océano es suficiente para probar la existencia del suelo en su fondo. Sin el substrato que lo sostenga, el mar no podría existir. Incluso sin el agua, el suelo existe. "Para ver y experimentar el mundo que hay debajo del océano y su suelo de fondo, tenéis que ir debajo de la superficie. Tenéis que sumergiros muy profundo en el océano. Del mismo modo, para realizar al alma uno tiene que ir más allá del cuerpo y penetrar profundo en su propio Yo.

"Así como tenemos un sentimiento de asombro cuando miramos la vastedad del océano de esta manera, si tan sólo pudiéramos tener el mismo sentimiento de admiración y maravilla cuando miramos todo en la Naturaleza y sus infinitas manifestaciones, nunca seríamos escépticos acerca de la fuerza vital interior que existe como el único substrato del mundo manifestado.

"El miedo del hombre se debe a su ignorancia acerca de su propia alma, la fuerza vital y substrato de su existencia. Él cree que debe preocuparse sólo por su existencia física, que la vida trata solamente del cuerpo, y nada más. Éste es su concepto de la vida — de hecho, construye toda su vida alrededor de este concepto erróneo. Una vez que pone toda su atención en el cuerpo y en el ego, el próximo paso es su seguridad. Construye un fuerte de falsas seguridades a su alrededor. Se aferra a su casa porque ésa es una forma de seguridad; su trabajo o sus negocios es otra; su posición en la sociedad es aún otra; luego viene su familia y sus múltiples posesiones. Él piensa que la vida consiste en aferrarse a estas 'seguridades' externas, que sin ellas, y sin su cuerpo y ego, no hay existencia. Para él, la vida toda puede ser puesta en dos palabras: 'cuerpo' y 'apegos.' Pero no es su culpa; pues, para él, la existencia es lo mismo que la existencia del cuerpo, y para su cuerpo él necesita todas estas falsas seguridades. Pobre hombre, ha olvidado completamente la vida interior.

"La vida real se desarrolla desde adentro. Vivir realmente significa que el alma se expresa a través de todos los pensamientos, todas las palabras y todas las acciones de uno. Una persona se torna sin-miedo una vez que comprende la naturaleza del alma imperecedera.

"En esta etapa, sin embargo, el hombre está familiarizado solamente con el cuerpo perecedero, que lo hace temer más y más y que lo empuja crecientemente hacia la muerte, que es el mayor de los miedos.

"La muerte tomará todo, todo lo que él tiene y que él considera suyo. La muerte es la mayor amenaza para el ser humano. Nadie quiere morir. La misma mención de la muerte causa tremendo miedo. Pero la muerte es una experiencia como cualquier otra."

Cuando la Madre habla, sus palabras toman vuelo como si fueran a remontarse hacia las alturas, llevándose al que escucha con ellas. Sus palabras y expresiones nunca suenan como si viniesen de una persona, de un individuo. Ellas resuenan como si emergieran de una profunda cueva, de una fuente antigua y desconocida. Las palabras de la Madre actúan como un vehículo que transporta al oyente hacia los reinos profundos del mundo espiritual.

La Madre empezó a cantar la canción:

Marikkatta Manushyarundo

¿Hay alguien que no vaya a morir?
¿Hay un momento en que termina el deseo?
Nacemos en esta tierra
Somos consumidos por la tristeza

Y luego morimos
Para volver a nacer.

Aunque el hombre aprende a reír
¿Qué grandeza tiene él
Si le teme a la muerte?

Aunque nace como ser humano
¿Qué gloria hay en la vida humana
Si el miedo a la muerte no se va?

Todo sucede como lo decide el destino
Pero ¿quién crea ese destino?
Este mundo jamás puede conducir a la felicidad.
Una vez que realicemos esta verdad
Renunciaremos a todo.

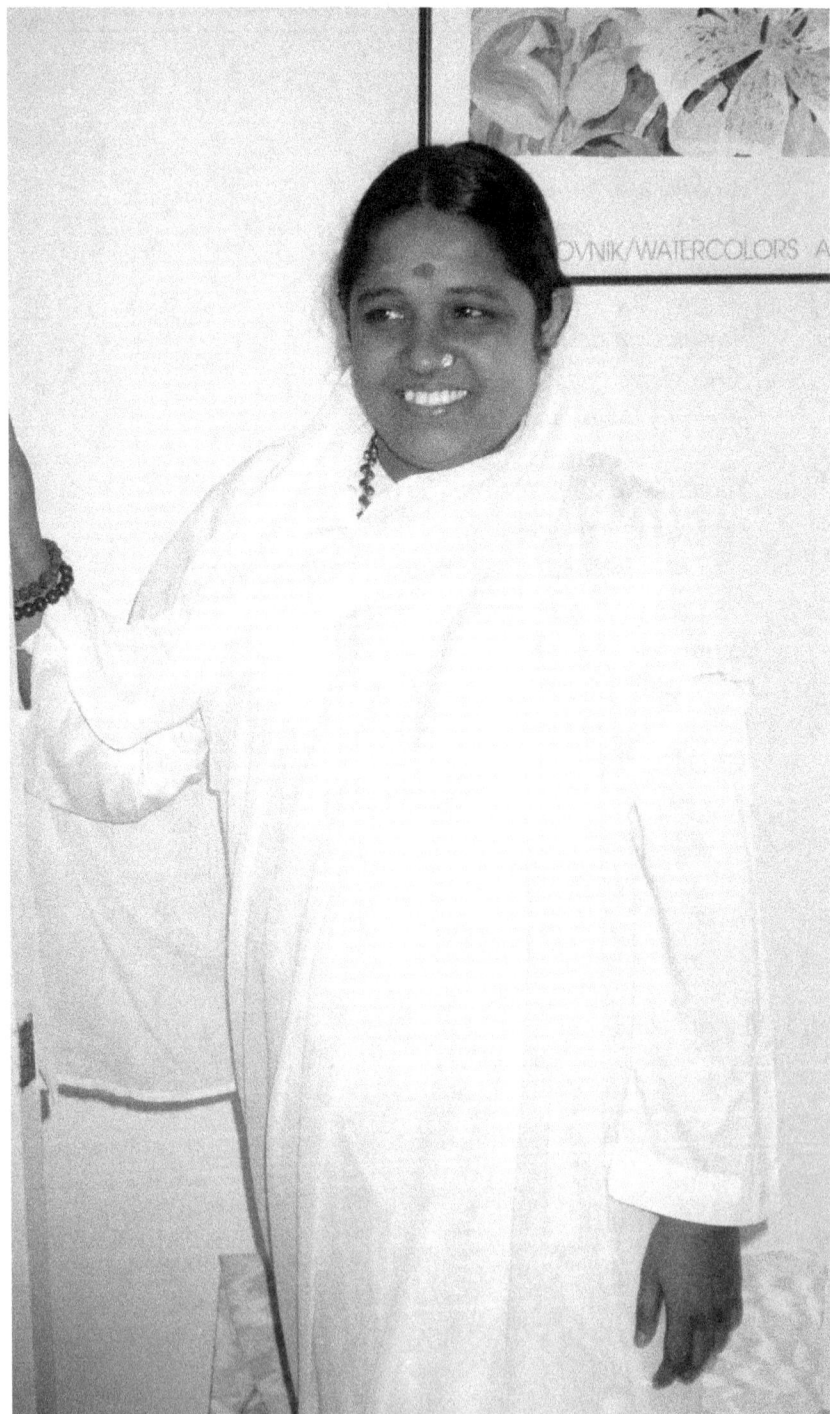

Capítulo 11

La Madre que todo lo sabe

Era casi la medianoche. La Madre estaba dando una caminata por la plantación de cocoteros enfrente del ashram. Por momentos se detenía y se quedaba de pie dando cara al Este, como si estuviese esperando que llegara alguien. *Bri.* Gayatri y los *brahmacharis* mayores sugirieron varias veces que la Madre se fuera a su cama. Pero la Madre, cortésmente, se rehusaba y permanecía en el bosquecillo de cocoteros. Unos minutos después de las doce llegó al ashram una numerosa familia. Todos ellos estuvieron llenos de alegría cuando vieron a la Madre parada entre los cocoteros. La Madre los llamó, y habiéndoles expresado su amor y su afecto en su modo maternal único, Ella comenzó a hablar con ellos. Los residentes del ashram comprendieron ahora por qué la Madre se había quedado en ese lugar y no había querido ir a su habitación.

La familia había partido de Quilon a las ocho de la noche, con la esperanza de ver a la Madre si llegaban al ashram a las nueve, pero su auto se descompuso en el camino. Para cuando consiguieron un mecánico y repararon el auto, era ya muy tarde. Decidieron regresar a Quilon y visitar a la Madre otro día.

Pero su hijo de cinco años de edad estaba extremadamente decepcionado y repetidamente les decía que quería ver a la Madre esa noche. Él fue tan insistente que, finalmente, la familia accedió a satisfacer el deseo del niño y continuaron viaje hacia el ashram. Nunca pensaron que podrían ver a la Madre a una hora tan avanzada de la noche. Su único deseo era pasar algunos minutos en la atmósfera del ashram y luego volver a Quilon. Pero para gran sorpresa de ellos, al llegar vieron a la Madre parada enfrente del ashram, como si Ella estuviera esperándolos.

La familia tenía algunos problemas serios. Sus doloridos corazones encontraron mucho alivio con sólo ver a la Madre. Con su inmensa compasión, La Madre les habló durante más de dos horas. A las cuatro y treinta de la madrugada, la Madre se acababa de bañar y estaba otra vez caminando afuera. Se La veía fresca y radiante. Uno de los *brahmacharis* se acercó a Ella y le suplicó: "Amma, ¿por qué no va Usted a descansar por un rato? Hoy es un día de *Devi Bhava,* de modo que Usted no tendrá ningún descanso esta noche tampoco."

"Hijo," respondió la Madre, "uno no debería dormir mientras se está llevando a cabo el *Archana.* Eso sería dar un mal ejemplo. Durante el *Archana* de la mañana todo el ashram debería estar despierto y vibrante con la energía espiritual que se crea con el canto. No debería haber ninguna energía *tamasica* presente a esa hora."

El *brahmachari* dijo: "Pero Amma, Usted está más allá de todo. Usted es *Devi* misma. Usted es completamente desapegada y no tocada por nada."

La Madre respondió: "Hijo, si Amma no está levantada a esta hora, tú tampoco lo estarás. Ello causaría problemas de disciplina en el ashram, y todos harían cualquier cosa que tuviesen ganas de hacer. A menos que Amma dé el ejemplo practicando lo que se predica, nadie se sentirá inspirado a seguir las reglas."

"Pero, Amma, si su cuerpo no tiene ningún descanso, ¿no sufrirá su salud?" preguntó el *brahmachari.* "Usted está sacrificando todo por los demás. Amma, ¿qué podemos hacer nosotros, sus hijos, por Usted?" El *brahmachari* estaba casi llorando mientras hablaba.

La Madre le dio algunas palmadas afectuosas en la espalda y dijo: "No te preocupes por Amma." Señalando su propio cuerpo dijo: "Esto cuidará de sí mismo. Amma no ha venido al mundo para proteger su cuerpo. A Amma no le interesa qué le pasa a su cuerpo — que éste siga su curso natural. Amma desea sacrificar todo por la elevación de sus hijos, y por el beneficio del mundo. Vosotros deberíais seguir estrictamente vuestra rutina diaria y tratar de liberaros de la sujeción del ego. Eso es suficiente. Hijo, todo lo concerniente a este cuerpo y a su existencia en el mundo lo decide Amma. Hay un propósito que cumplir. Sólo cuando ese propósito se haya alcanzado se irá este cuerpo."

La Madre pronunció las tres últimas frases como si Ella estuviese hablando desde otro mundo. Durante algún tiempo, el *brahmachari* permaneció allí de pie mirando el indescriptible fenómeno que es la Madre; y luego se dirigió a la sala de meditación donde el *Archana* de la mañana estaba a punto de comenzar.

Capítulo 12

La muerte es sólo un cambio

La Madre estaba sentada con algunos *brahmacharis* junto a las aguas del canal comunicante con el mar bañadas por la luna. La luna y las estrellas estaban esparcidas como joyas a través del cielo negro azulado.

Un *brahmachari* le hizo una pregunta a la Madre: "Amma, ¿qué causa el dolor de la muerte y el miedo a la muerte?"

La Madre: "El dolor de la muerte es causado por el pensamiento que la muerte va a destruir todo lo que uno tiene — todo aquello a lo cual uno está apegado y a lo que uno se aferra. Ese aferrarse causa el dolor. Si tan sólo pudierais soltaros de todos vuestros apegos, entonces el dolor de la muerte se convertiría en una experiencia de bienaventuranza. En la muerte perdéis todas las cosas que proclamáis como propias. Todo lo que es querido y maravilloso para vosotros — vuestra familia, el amor y la risa de vuestros seres queridos, este hermoso mundo con todos sus preciosos tesoros — todo se va a disolver y a desaparecer. De sólo pensar en ello, todo vuestro ser se sacude. Vosotros queréis olvidar acerca de la muerte porque teméis que con ella quedaréis inconscientes y nunca más existiréis. Ella mata vuestro entusiasmo y os paraliza de terror, de modo que no queréis pensar en la muerte en absoluto."

Pregunta: "Amma, he oído que Usted dijo que la muerte es una experiencia, como cualquier otra. ¿Qué quiere decir con eso?"

La Madre: "El nacimiento y la muerte son dos experiencias inevitables. Una vez que vais más allá de la muerte, también vais más allá del nacimiento. Una persona que pueda ver el nacimiento y la muerte como algo perfectamente natural, igual que cualquier otra experiencia de la vida, podrá vivir una vida feliz y bienaventurada. Él ve la vida entera con todas sus experiencias, las buenas y las malas por igual, como si fueran un juego. No se queja de nada; no puede encontrar faltas en nadie ni en ninguna situación. Las personas así siempre tienen una sonrisa en sus rostros, aun cuando se enfrentan a las peores situaciones de la vida. Las palabras y las acciones de los demás no pueden lastimarlos o hacerlos enojar. Estando establecidos en un estado relajado y de paz, ellos disfrutan la vida con la maravilla y la inocencia de un niño.

"Al igual que otros momentos gozosos de la vida, la muerte también puede ser una experiencia gozosa. La gente normalmente se regocija cuando nace un bebé, pero llora cuando alguien muere. Tanto el nacimiento como la muerte son dos transiciones normales. Pero esto puede saberse únicamente cuando uno va más allá del ego y realiza el *Atman,* el Ser superior.

"Cuando nace un niño, una transición tiene lugar. No se detiene allí. El niño crece; él o ella pasa a través de varias etapas de la vida. El cuerpo se transforma de cuerpo de niño a cuerpo de adolescente, Después de adulto joven, y entonces llega la mediana edad y finalmente la vejez. El proceso de transformación continúa. La muerte sucede, y es otra transformación. Esto es normal; no hay nada malo en ello. Deberíais aprender a ver la muerte como una transformación normal, como otros cambios del cuerpo. El nacimiento no es el comienzo de la vida, ni la muerte es el fin. El comienzo y el fin son sólo relativos.

"Cuando nace un niño, pensamos que es el comienzo de la vida. Pero la vida, en sí misma, no es ni lo primero ni lo último, ni nueva ni vieja; nunca empezó, ni tampoco termina jamás. Vida es otro nombre para Dios. A la vida, cuando está condicionada por el cuerpo, se la conoce como el *jivatman,* y cuando la misma vida está desprovista de condiciones, es el *Paramatman.* De manera que vida es otro nombre del *Atman*, o *Brahman*. La vida no tiene ni principio ni fin.

"Un nuevo nacimiento, por lo tanto, no es el comienzo de la existencia. Podríais llamarlo un nuevo comienzo, o incluso otra oportunidad para continuar hacia adelante el viaje que conduce hacia el Origen real de la existencia. El nacimiento es como el regreso de los mismos contenidos en un paquete diferente.

"La muerte no es la completa aniquilación. Es una pausa. Es como apretar el botón de pausa en un grabador de cinta en medio de una canción. Tarde o temprano, cuando se lo aprieta de nuevo, el botón de pausa se libera y la canción continúa. La muerte es sólo el período de preparación antes del comienzo de otra vida. Uno desempaca el contenido sólo para volver a empacar en un nuevo paquete, donde los ingredientes serán los mismos.

"La vida y la muerte son los eventos más importantes de la vida, son dos experiencias intensas. Una vez que uno se da cuenta que el nacimiento y la muerte no son ni el comienzo ni el fin, la vida se hace infinitamente hermosa y bienaventurada.

"Las experiencias cambian una y otra vez, pero el 'Experimentador' interior — el Ser supremo, Dios, o la Vida, es inmutable. Ésta es la verdad que necesita ser realizada. El que vive las experiencias, es decir, el substrato de todas las experiencias, incluso la del nacimiento y la de la muerte, es siempre el mismo — es imperecedero e inmutable. Aquel que tiene las experiencias os lleva a través de todas vuestras experiencias. Ésta es la verdad que no puede ser alterada ni por el tiempo ni por el espacio.

"El nacimiento y la muerte son sólo relativos. No son reales desde el punto de vista final. Como cualquier experiencia en la vida, son dos eventos por los cuales una persona está destinada a pasar. Pero ellas son por mucho las experiencias más intensas por las que pasamos. Debido a su intensidad, la Naturaleza ha concebido un método por medio del cual el hombre se olvida completamente de estos dos momentos principales de su vida. Debido a la intensidad de estas experiencias, es difícil que una persona común y corriente permanezca consciente durante su propio nacimiento o su propia muerte. El nacimiento y la muerte son dos estadios de la vida en los que uno está totalmente indefenso. Mientras se encuentra en el vientre y mientras emerge del vientre, el niño está indefenso. Es lo mismo con una persona que muere. Durante ambas experiencias el ego se ha retirado tanto hacia atrás, hacia un segundo plano, que está impotente. Hijos, vosotros no sois conscientes de lo que os ocurre durante o después de la muerte. Tenéis que ser sin-miedo y estar plenamente conscientes para estar abiertos a esta experiencia. Si tenéis miedo estaréis cerrados a ella. Sólo aquellos que poseen suficiente profundidad, quienes son sin-miedo, y que están constantemente en un estado de lucidez, en un estado de vigilia absoluta, son capaces de experimentar conscientemente la bienaventuranza de la muerte.

"Suponed que tenéis un intenso dolor de estómago. Estáis entonces conscientes del dolor. Si el agua está fría o caliente, el cuerpo lo siente inmediatamente. La pena causada por la muerte de vuestro padre, o el gozo que se siente cuando nace un niño, son experimentados directamente por la mente. Además, vuestro intelecto reacciona inmediatamente a los elogios o los insultos que los demás os profieren. Una experiencia así de directa de la mente no está disponible durante el nacimiento o la muerte. Ésta es la razón por la cual consideramos que el nacimiento y la muerte no son experiencias comunes.

"Por supuesto, si tenéis la capacidad de permanecer conscientes y alertas mientras pasáis por la experiencia de la muerte, ella se vuelve una experiencia común y corriente como otras. Entonces el nacimiento y la muerte no os molestan; vosotros simplemente sonreís durante ambas ocasiones. La muerte ya no es entonces una experiencia extraña para vosotros. Sin embargo, esto es posible sólo si sois uno con vuestro verdadero Yo, el *Atman*.

Pregunta: "Amma, ¿cuál es la razón de esta ausencia de experiencia directa durante el nacimiento y la muerte?"

La Madre: "La falta de capacidad de conciencia es la razón. Nuestro nivel de conciencia es muy bajo. En virtud de nuestros necios apegos al mundo, los que se deben a nuestro entendimiento erróneo, vivimos una vida casi inconsciente, aun cuando nos movemos y respiramos.

"Una vez que todos estos apegos caigan, la muerte se tornará una experiencia bienaventurada. Como resultado de la realización de que vosotros no sois el cuerpo, sino la Conciencia suprema, todo el centro de vuestra existencia se trasladará al *Atman*. Despertaréis y comprenderéis que estabais durmiendo, y que el sueño que es el mundo, y todas las experiencias asociadas a él, es sólo un juego. Os reiréis al mirar este exquisito juego de la conciencia. Os reiréis de todos los colores. Al igual que un niño, que mirando los distintos colores de un arco-iris, ríe y lo disfruta maravillado, así os encontraréis riendo llenos de gozo, y continuaréis riendo, incluso ante la muerte, porque la muerte es sólo otro juego de colores, un matiz diferente en el arco-iris de la vida.

"Una vez que alcancéis este estado, todas las experiencias, tales como felicidad y tristeza, insulto y alabanza, calor y frío, nacimiento y muerte, pasan a través de vosotros. Vosotros permanecéis más allá de todo ello, como el 'Experimentador,' el substrato mismo de todas las experiencias, siendo testigos de todas las cosas como un niño juguetón.

"Hijos míos, aprended a hacer todo conscientemente. Ni una sola respiración debería escapar sin que os percatéis de ello. Sed conscientes de todos vuestros movimientos. Esto os hará gradualmente plenamente conscientes, incluso de la muerte.

"Para alcanzar el estado de completa unidad con lo supremo, uno tiene que perderse. Esto, sin embargo, es nuestro mayor miedo: que nos perderemos. Pues perderse sería una forma de morir, y ¿quién quiere morir? Todos quieren vivir. Pero para vivir plenamente la vida, debemos aprender a amar la vida en su misma esencia, y soltar todo lo demás. Aprended a abrazar la vida con brazos abiertos mientras soltáis vuestros apegos. Soltad todo aquello a lo cual os aferráis, todos vuestros arrepentimientos, todos vuestros miedos y todas vuestras ansiedades. Pero este soltarse no es una pérdida en absoluto, es la mayor ganancia que hay. Os concede el universo entero, y vosotros os convertís en Dios."

Capítulo 13

Dando percepción a un ciego

Un joven ciego de nacimiento estaba alojado en el ashram. Desde que había llegado, los *brahmacharis* habían estado cuidándolo, atendiendo a todas sus necesidades. Ellos le servían comida y lo asistían incluso cuando tenía que responder a los llamados de la naturaleza.

Hoy, más gente de la esperada llegó para el *darshan* de la Madre. Debido a esto, el arroz y el curry que habían sido cocinados para el almuerzo se terminaron muy pronto, antes que todos hubiesen comido. En camino estaba ahora una segunda ronda de cocinar. A raíz de la carga de trabajo, los *brahmacharis* olvidaron traer al ciego de su habitación para el almuerzo. Tan pronto como se dieron cuenta de su error, uno de ellos se apresuró a recoger al hombre en su habitación. Pero el hombre ciego ya estaba bajando las escaleras con la ayuda de un devoto. El *brahmachari* se disculpó y explicó lo que había sucedido diciendo: "Por favor, perdóneme. Yo estaba tan ocupado sirviendo en el comedor que olvidé venir a buscarlo."

Pero el hombre no se apaciguó. Él se sentía herido e infeliz. "Yo tengo dinero conmigo," dijo. "Siempre puedo conseguir comida en alguna parte fuera del ashram si pago por ella." Con estas palabras regresó a su habitación con la ayuda del devoto.

Aunque el hombre estaba perturbado, el *brahmachari* ignoró ese hecho, pensando que él había reaccionado así porque tenía hambre. El *brahmachari* volvió pronto con algunas frutas, las que puso enfrente del joven ciego. Entonces le dijo: "El almuerzo estará listo en unos minutos. Yo traeré su comida. Mientras tanto, por favor, coma estas frutas." Pero el hombre todavía estaba enojado y sin rodeos rechazó las frutas que le fueron ofrecidas.

De alguna manera las noticias llegaron a la Madre, y poco después, Ella entró en la habitación del ciego. Mirando severamente al *brahmachari*, la Madre dijo: "¿Qué clase de *shraddha* tienes? ¿Por qué no le serviste su almuerzo a la hora correcta? ¿No sabes que este hijo es ciego y que él no puede bajar por sí mismo? Si pensaste que te tomaría demasiado tiempo el recogerlo, debiste haber traído un plato a su habitación. Si no sientes compasión por aquellos que están desamparados, como este hijo, ¿cuál es el propósito de hacer prácticas espirituales?

"Hijos, no perdáis ni una sola oportunidad que se os presenta para servir a los demás. Nadie debe tener que esperar pacientemente para recibir nuestra ayuda de acuerdo a nuestra propia conveniencia. En las oficinas y en otros sitios de trabajo, la gente cumple con sus deberes de acuerdo con un horario. Ellos reciben su remuneración por el trabajo que hacen, que es la razón por la cual trabajan. Pero la vida toda de un *sadhak* (aspirante espiritual) está dedicada al servicio de los demás. La recompensa no se recibe en términos de salario mensual. Vosotros recibís vuestra recompensa en forma de pureza mental y de Gracia de Dios. Porque no estáis recibiendo ninguna remuneración inmediata, no deberíais sentir que vuestro trabajo es menos importante o que puede posponerse un poco. Toda oportunidad de servir a otros debe utilizarse al máximo, y el trabajo debe hacerse con el mayor amor y con suma diligencia. Sólo entonces se convierte en verdadera adoración. El verdadero servicio es asistir a aquellos que están indefensos y desamparados, y hacer el esfuerzo para comprender sus necesidades y sus sentimientos."

La Madre acarició la espalda del hombre ciego y le preguntó: "Hijo, ¿te pusiste triste? Los *brahmacharis* estaban muy ocupados en el comedor; por eso no pudieron recogerte a la hora que corresponde. También, el *brahmachari* que usualmente te ayuda no está aquí hoy. Él le confió la tarea a otro *brahmachari*, quien está a cargo de servir comida en el comedor. No pienses que fue hecho a propósito. Hijo, tú deberías aprender a ser más flexible y a adaptarte a las circunstancias dondequiera que estés. La paciencia es necesaria en un ashram. Mientras estés aquí, debes estar preparado para hacer un poquito de sacrificio de vez en cuando. De esa manera recibirás la Gracia de Dios.

"Hijo, tu ceguera no es realmente un problema. Recuerda que tú estás más cerca de Dios, de tu verdadero Yo, que la mayoría de la gente con ojos externos. Es verdad que no puedes ver el mundo, pero puedes sentir a Dios más que una persona con vista normal, con la condición que tengas el correcto entendimiento y *shraddha*. Una persona con ojos externos se aleja de Dios, de su verdadera naturaleza, el *Atman*, porque viaja demasiado por el mundo de los objetos. Así que no pienses que eres desafortunado. Aprende a adaptarte a la vida. Ten más tolerancia y paciencia. Ello te ayudará ciertamente a experimentar la presencia de Dios, tanto dentro como fuera de ti. Hijo, hay millones de personas que están sumergidas en el dolor y la desesperación, aunque tienen ojos para ver el mundo. Pero también hay gente que está feliz y contenta, a pesar de no poder ver. Surdas, el gran devoto del Señor Krishna, no tenía vista; pero él vivió una vida completamente feliz, porque él era lo suficientemente sabio como para comprender el principio esencial de la vida. A través de su amor y devoción al Señor, él desarrolló el ojo interior, que lo hizo totalmente bienaventurado, aun sin sus ojos externos."

El joven derramaba lágrimas mientras escuchaba las palabras de la Madre. Sollozaba como un niño. Los *brahmacharis* y algunos de los devotos presentes no pudieron controlar sus lágrimas tampoco. Tal era el intenso amor que animaba las palabras de la Madre.

Frotando afectuosamente la espalda del joven y enjugando sus lágrimas con sus manos, la Madre preguntó: "Hijo, has comido algo?" Él movió su cabeza negando y dijo con una voz ahogada: "Pero estoy satisfecho con Su presencia y con escuchar Sus palabras. Ya no tengo más hambre en absoluto. Mi corazón está colmado del gozo de Sus palabras nectáreas."

La Madre pidió al *brahmachari* que trajera un plato de comida. Cuando él volvió con un plato lleno de arroz y curry, la Madre hizo que el ciego se sentara junto a Ella, y comenzó a darle de comer con sus propias manos. La Madre lo alimentaba con albóndigas de arroz, al igual que una madre daría de comer a su pequeño hijo, pacientemente esperando que él tragara lentamente la comida. De esta manera, Ella le dio de comer todo el plato de arroz. Quienes fueron testigos de esta escena quedaron profundamente conmovidos mientras veían el amor divino y puro que desbordaba de la Madre. Suavemente, todos empezaron a cantar:

Kannilengillum

Hoy he visto a mi querido Krishna,
El Bienamado de Radha,
No con estos ojos
Sino con el ojo interno.

He visto al Ladrón de la mente,
La Belleza personificada,
El Músico divino;
He visto a mi Señor de unidad.

¿Era Él tan azul como el océano?
¿Llevaba una pluma de pavo real
Adornando sus rizos?
No puedo decirlo
Pero he visto su forma graciosa
A través del sonido de su flauta.

Glosario

Arati: Ritual al final de la puja (adoración), donde se ofrece luz en forma de alcanfor encendido y se toca una campana ante una persona Santa o una Deidad. El alcanfor no deja ningún residuo, simbolizando la total aniquilación del ego.

Archana: Una forma de rendir culto cantando los 108, 300 o 1000 nombres de una Deidad.

Arjuna: El tercero de los cinco hermanos Pandavas, gran arquero. El héroe principal del Mahabharata. Discípulo y amigo de Krishna.. Es a él que Krishna dirige sus discursos en el Bhagavad Gita.

Atman: El verdadero Ser. Uno de los principios fundamentales del Sanatana Dharma (Induismo) es que nosotros no somos el cuerpo físico, los sentimientos, el intelecto o la personalidad. Somos el eterno y puro Ser que no cambia y que no es afectado por nada.

Aum: Sílaba sagrada. Sonido o vibración primordial que representa Brahman y toda la creación. Aum es el mantra primordial y se le encuentra a menudo al comienzo de los otros mantras.

Bhajans: Cantos devocionales.

Bhava samadhi: Absorción completa de la mente en Dios a través de la devoción

Brahma: El aspecto de Dios asociado con la creación del Universo.

Brahmachari(ni): Discípulo/a célibe, quien practica disciplinas espirituales bajo la guía de su Gurú.

Brahman: "La Realidad Absoluta", el Todo, el Ser Supremo, más allá de todos los nombres y formas; que abarca e impregna todo y es "Uno e indivisible".

Darshan: Audiencia o visión de una persona santa o de una deidad.

Devi: Diosa.

Devi Mahatmyam: Antiguo texto en alabanza de la Madre Divina.

Dharma: "Aquello que sostiene, mantiene y hace respetar las leyes del universo". La palabra "dharma" tiene muchos significados, entre otros: la ley divina; la ley de existencia, de acuerdo con la armonía divina; todo lo que es recto; lo bueno; la religión; el deber; la responsabilidad; la virtud; la justicia; la verdad. El dharma comprende los principios fundamentales de la religión. El dharma esencial de los seres humanos es realizar su divinidad innata.

Gurúkula: Escuela-ashram de un gurú donde los estudiantes obtienen una base en conocimiento espiritual y mundano a través del estudio y el servicio.

Jivatman: El alma individual.

Kali: Una dimensión de la Madre Divina, que se manifiesta en su aspecto feroz. Desde el punto de vista del ego, puede parecer aterradora, pues destruye y transforma al ego a través de su incalculable compasión. El devoto sabe que tras su feroz apariencia, se encuentra la Madre amorosa que protege a sus hijos y les da la "Gracia de la Liberación".

Kamsa: El tío demonio de Krishna a quién este mató.

Kanna: "El de los ojos bellos". Apodo para el bebé Krishna. A veces es adorado como Niño Divino

Kesava: "El que tiene cabellos largos y bello". Es uno de los nombres de Krishna.

Kirtan: Himno

Krishna: Una de las principales encarnaciones de Vishnu. Nació en una familia Real, creció con padres adoptivos y vivió su juventud cuidando vacas en Vrindavan, donde fue amado y venerado por sus devotos compañeros; las Gopis y los Gopas. Él era primo y consejero de los Pandavas, especialmente de Arjuna, a quién le reveló Sus enseñanzas en el Bhagavad Gita.

Lila: "Juego". Movimientos y actividades de la divinidad, los cuales por su naturaleza son libres y no se encuentran sujetos a ninguna ley cósmica o natural.

Madhava: "El que es dulce como la miel". Uno de los nombres de Krishna.

Mahabharata: Epopeya de la India antigua, escrita por el sabio Vyasa acerca de la lucha familiar entre los Pándavas y los Kauravas, ambos primos del Señor Krishna, que culminó en una guerra catastrófica.

Mahatma: Gran Alma, Santo o Sabio

Mantra: Fórmula sagrada o plegaria repetida constantemente. Esto despierta nuestros dormidos poderes espirituales, purifica la mente y ayuda a alcanzar la meta. Es más efectivo si se recibe de un maestro durante una iniciación.

Maya: Ilusión. El "velo" divino con el cual Dios en Su juego de la creación se oculta, dando la impresión de diversificación y creando así, la ilusión de la separación. Como Maya vela la realidad, nos diluye. Así nos hace creer que la perfección y la satisfacción se encuentran afuera de nosotros.

Moksha: Liberación del ciclo de nacimiento y muerte.

Mudra: Signo sagrado hecho con las manos que indica verdades místicas.

Narayaniyam: La historia de la vida del Señor Krishna escrita por el gran devoto Narayana Bhattatiri de Kerala.

Pada puja: Adoración de los pies de Dios, del Gurú o de un Santo. Así como los pies sostienen el cuerpo, el principio del Gurú sostiene la verdad eterna. Así, los pies del Gurú representan la verdad suprema.

Pandavas: Los cinco hijos del rey Pandu y los héroes de la historia épica Mahabharata.

Paramatman: El Alma Suprema o Dios.

Putana: Demonio femenino que trató de destruir al bebé Krishna alimentándolo de su venenoso pecho. Pero en vez, ella fue la que murió puesto que al amamantar, el niño Divino le sacó la fuerza vital de vida.

Prasad(am): Ofrenda consagrada distribuida al final de la adoración.

Purnam: Pleno o perfecto.

Rajasuya yagna: Sacrificio védico realizado por reyes.

Rama: El héroe Divino de la historia épica Ramayana. Encarnación de Vishnu, considerado como el ideal de la acción correcta.

Ramayana: Una de las epopeyas más famosas en India. Relata, en forma de poesía, la vida de Rama. Escrita por el sabio Valmiki. Rama fue una encarnación de Vishnu.

Rishis: Sabios espirituales de los tiempos antiguos a quienes les fue revelado el conocimiento Divino transmitiéndolo a través de los Vedas.

Sadhak: Aspirante espiritual.

Sadhana: Práctica espiritual.

Samadhi: Un estado profundo, concentración en un solo punto; donde todos los pensamientos sucumben y la mente experimenta completa quietud. Solo la conciencia pura permanece, mientras uno mora en el Atma(Ser interno).

Sankalpa: Resolución, la que se manifiesta de una forma creativa e integral.

Sannyasi: Aquel que ha hecho votos formales de renunciación. Tradicionalmente llevan ropa de color ocre que representa la destrucción(ardiente-fuego) de todo apego por el mundo.

Satgurú: Maestro espiritual que ha realizado a Dios.

Shakti: La energía de la Madre Universal; el aspecto dinámico de Brahman.

Shanti: Paz

Shiva: "El Auspicioso",lleno de gracia, el bondadoso. Una forma del Ser Supremo. Principio masculino. Aspecto estático de Brahman. También se le asocia dentro de la Trinidad con la destrucción – de aquella parte del Universo- que no es real.

Shraddha: Cuidado, atención, alerta, fe.

Sishya: Discípulo

Sita: Consorte de Rama. En India Ella es considerada como la mujer ideal.

Slokas: Versículos.

Srimad Bhagavatam: Uno de los dieciocho Puranas o textos antiguos de la India (escrituras sagradas).Relata la vida de los Avatares de Vishnu, dándole especial importancia y detalle a la vida de Krishna, incluyendo su niñez. Se hace hincapié en la posición de la devoción.

Tapas: "Calor". Austeridad, auto-diciplina, auto-sacrificio; prácticas espirituales que queman (trasmutan) las impurezas de la mente.

Uddhava Gita: Discurso entre el Señor Krishna y su gran devoto Uddhava. Esto ocurre en el Srimad Bhagavatam de Viasa.

Vasanas: Tendencias y hábitos latentes o deseos sutiles de la mente. Las Vasanas son el resultado recolectado de impresiones de experiencias presentes o pasadas (de vidas anteriores) que existen en el subconsciente y tienden a manifestarse en específicas acciones y hábitos.

Vedanta: "El final de los Vedas". La raíz de la filosofía vedanta se encuentra en los últimos versos impresos en los Vedas. Estos versos finales reunidos tomaron el nombre de Upanishads, la parte concluyente abraza la última "verdad" la cual es "Una e Indivisible".

Vedas: "Conocimiento, sabiduría". Antiguas escrituras sagradas Hindúes. Una colección de textos sagrados, los cuales están divididos en cuatro partes: Rig, Yagur, Sama y Athartwa. En su totalidad los Vedas constan de cien mil versos además de la prosa adicional. Los Vedas se encuentran entre las escrituras más antiguas. Son considerados como la directa revelación Divina de la Suprema Verdad otorgada por Dios a los Rishis.

Vishnu: "El que se extiende, se difunde en todo". Nombre del Supremo. Este desciende a la tierra como una encarnación Divina (tomando diferentes formas físicas) para reorientar a la humanidad en momentos caóticos. Normalmente adorado en las encarnaciones de Krishna y Rama. Vishnu junto con Brahma y Shiva forman la Trinidad Divina; Brahma el Creador, Vishnu el Preservador y Shiva el Destructor".